U0448167

毛泽东在杭州的77天
——新中国第一部宪法诞生记

杭州五四宪法历史资料研究会
"五四宪法"历史资料陈列馆 编著

陈博君 执笔

中央文献出版社

编委会

顾　问 / 韩大元
主　编 / 王金财
副主编 / 陈建华　郭禾阳　路江通
执　笔 / 陈博君
编　委 / 阮重晖　陈伟民　林　沛　聂　江　魏　虹　曹正法
　　　　　安蓉泉　魏凌俊　王永翔
编务组 / 夏文玲　柯晨露　陈　韬　蒋伊凡　沈美萍　邵梓晗

习近平对"五四宪法"历史资料陈列馆作出重要指示

宪法是国家的根本法,是治国安邦的总章程,是党和人民意志的集中体现。坚持依法治国首先要坚持依宪治国,坚持依法执政首先要坚持依宪执政。中国共产党领导人民制定了"五四宪法"。设立"五四宪法"历史资料陈列馆,对开展宪法宣传教育、增强社会主义民主法治意识、推动尊法学法守法用法具有重要意义。开展宪法宣传教育是全面依法治国的重要任务。"五四宪法"历史资料陈列馆要坚持党的领导、人民当家作主、依法治国有机统一,努力为普及宪法知识、增强宪法意识、弘扬宪法精神、推动宪法实施作出贡献。

序

宪法是国家的根本大法，是治国安邦的总章程。新中国成立后，随着人民民主政权在全国各地普遍建立和日渐巩固，国民经济的逐步恢复，土地制度改革胜利完成，抗美援朝战争接近尾声，制定宪法的条件逐步成熟。1953年1月13日，党中央决定成立以毛泽东为主席的中华人民共和国宪法起草委员会。1953年12月28日凌晨，毛泽东率领宪法起草小组来到杭州，分别入住西湖刘庄和北山街84号，北山街84号大院30号主楼的平房作为毛泽东的办公地点，宪法起草小组则在30号主楼办公。1954年3月14日，毛泽东一行离开杭州返回北京，在西子湖畔度过77个日夜，起草了中华人民共和国第一部宪法——"五四宪法"的草案初稿，史称"西湖稿"。1954年9月20日，第一届全国人民代表大会第一次会议通过了《中华人民共和国宪法》。新中国第一部宪法在杭州起草，是杭州人民的幸运和骄傲。守护好这一宝贵资源，传承好这一红色基因，宣传好这一光荣历史，是我们义不容辞的责任和使命。

2016年12月4日，第三个国家宪法日，经中央批准，在毛泽东当年亲自主持起草宪法的办公地旧址，"五四宪法"历史资料陈列馆建成开放,填补了我国宪法主题纪念场馆的空白。开馆前夕,习近平总书记对"五四宪法"历史资料陈列馆作出重要指示,为陈列馆工作指明了正确方向,提供了根本遵循。为贯彻落实习近平总书记对陈列馆的重要指示精神,2017年底,《宪法就在我们身边》主题展览在栖霞岭馆区开展,形成了"一馆两区"的宪法宣传教育格局;"五四宪法"历史资料研究会成立,形成"一会一馆"的宪法宣传教育工作架构。近年来,研究会和陈列馆始终把宪法法治宣传教育作为首要使命,不断创新手段机制,与时俱进讲好中国宪法故事,在收藏研究、展览陈列、宣传教育工作中取得新成效,尤其是通过多种方式收集文物和史料,对毛泽东在杭州主持起草宪法的77个日夜开展课题研究,取得了较为系统全面的成果。在此基础上,邀请作家陈博君撰写了本书书稿,并由中央文献出版社出版。

本书的出版具有重要的政治意义。70年前,毛泽东主席率领宪法起草小组到达杭州,今年我们也将迎来第十个国家宪法日和习近平总书记对"五四宪法"历史资料陈列馆重要指示7周年。毛泽东率领宪法起草小组在杭州的77天,是党领导人民制定宪法历史的光辉一页,是百年党史和新中国宪法史的重要组成部分。本书是纪念第十个国家宪法日的"献礼之作",是坚决贯彻落实习近平总书记对"五四宪法"历史资料陈列馆作出重要指示精神的实际行动,是挖掘红色资源、传承红色历史、赓续红色血脉的生动篇章。

本书的出版具有重要的历史意义。本书参考了研究会的相关课题研究成果,查阅了大量陈列馆馆藏档案资料,特别是中央档案馆提供的毛泽东在杭州工作期间的电报手稿、宪法草稿的批示和外出考察的照片等珍贵史料,结合谭启龙、王芳、伍一等亲历者的口述资料，互相比对印证，细化了毛泽东在杭州期间工作、生活的真实历史，整合形成了宝贵的历史资料。

本书的出版具有重要的教育意义。本书用生动的文笔记叙了毛泽东在杭州77天的点点滴滴，挖掘了简朴喜庆的生日宴、踏遍西湖群山、喜欢喝龙井茶、给杭州人民走出一条路来、不搞特殊化等故事，配以珍贵的历史图片，反映了毛泽东作为老一辈无产阶级革命家起草宪法过程中繁忙的工作和简朴的生活，展现了人民领袖的伟人风范。

希望广大读者在阅读此书后，对党领导人民制定宪法的光辉历史有更深入的了解，也希望通过本书的出版，吸引更多的读者走进陈列馆，共同为普及宪法知识、增强宪法意识、弘扬宪法精神、推动宪法实施贡献力量。

起草"五四宪法"的故事已经过去近70年，时间久远，留下的史料很有限。中央档案馆、浙江省和杭州市档案部门和其他有关部门提供的珍贵资料，为本书的顺利出版提供了保障，在此表示诚挚的感谢！研究会会员、陈列馆工作人员和执笔人为图书的出版付出了大量时间和精力，帮助收集大量资料、开展研究和创作。但难免有疏漏或者不当之处，恳请读者批评指正。

杭州市十二届人大常委会党组书记、主任
杭州五四宪法历史资料研究会会长　王金财

2023年7月

目录

1 | 引子

3 | 第一章
去干一件立国安邦的大事

第一节	开往杭州的专列	4
第二节	"治国，须有一部大法"	12
第三节	日理万机的旅程	22
第四节	北山街84号院的小楼	30

41 | 第二章
集中精力办大事的地方

第五节	为什么是杭州	42
第六节	简朴喜庆的生日宴	50
第七节	踏遍西湖群山之巅	56
第八节	"我喜欢喝龙井茶"	62

73 | 第三章
起草"西湖稿"

第九节	运筹帷幄抓团结	74
第十节	我们开始吧	84
第十一节	博采众长的研究	92
第十二节	"发展农业是我们的第一要务"	100
第十三节	字斟句酌的修改	110

125	第四章 繁忙的工作，简朴的作风	第十四节 给杭州人民走出一条路来	126
		第十五节 三上北高峰	138
		第十六节 不搞特殊化	146
		第十七节 在周边视察调研	154
		第十八节 简朴的生活	164

175	第五章 人民宪法，大国根本	第十九节 领袖和人民	176
		第二十节 宪法起草委员会的七次会议	182
		第二十一节 全国人民大讨论	196
		第二十二节 首部宪法的庄严诞生	206
		第二十三节 宪法宣传教育的"金名片"	216

223	主要参考文献/ 大记事	主要参考文献	224
		"五四宪法"大事记	226
		"五四宪法"历史资料陈列馆大事记	231

中华人民共和国第一部宪法

五四宪法历史资料陈列馆

毛泽东起草宪法处

引子

  杭州西湖，北山街84号大院内，一片青砖小楼在浓荫下静静地伫立。

  冬日温暖的阳光，如静流般一缕一缕地透过遮天蔽日的法国梧桐洒落下来，在那条红砂岩铺就的台阶上投下了一片斑驳而绚烂的光影。踏着这片涂满了斑驳金光的台阶拾级而上，仿佛步入了时光的隧道，不觉间来到了半个多世纪前的西子湖畔。

  一段在中国法治建设进程中熠熠生辉的历史，就此在眼前徐徐展现。

第一章　去干一件立国安邦的大事

第一章
去干一件立国安邦的大事

第一节　开往杭州的专列

在"五四宪法"历史资料陈列馆的复原陈列中,有一个宽敞明亮、窗明几净的房间,这就是毛泽东在起草五四宪法"西湖稿"期间的办公室。室内的办公桌、书柜、方桌都是毛泽东当年使用过的原物,桌子上和柜子里还摆放着很多书籍。

这间办公室的西面墙上,悬挂着一幅醒目的巨幅照片。照片中,毛泽东正目光坚定、面带微笑地坐在南下杭州的专列上。铺着白布的桌面上,除了玻璃杯、青花瓷盘、眼镜、火柴等小物件外,靠窗还摆放着一盆正在盛开的瓜叶菊,宽大的叶片上,成簇的花朵仿佛跳动着的火焰,照亮了这趟揭开新中国社会主义法制建设新纪元的特殊旅程。

这究竟是怎样的一趟旅程呢?

◎ 1953年12月,毛泽东在开往杭州的火车上。(侯波 摄)

1 /

　　1953年12月24日,阵阵寒风正从北京的上空呼啸而过。那呼呼的风声仿佛在昭告这个世界:一个新中国法制建设史上具有里程碑意义的重大事件,即将由此生发。

　　伴随着一声汽笛的长鸣,下午3时许,一辆墨绿色的专列在庄严肃穆的气氛中缓缓地驶进了北京前门火车站。

　　所谓"专列",就是指国家领导人出行时乘坐的专运列车。那么这一次的专列上,将迎来哪位重要的国家领导人?这趟旅程的目的地,又将去向何方?直到火车进站,列车上的服务员们心中还充满了疑问。

第一章
去干一件立国安邦的大事

不过大家都很肯定,这位首长一定是极其重要的人物。因为早在20多天前,这趟专列上的服务员就全被领导叫去谈过话了。当时,细心的服务员们都发现,公安部的罗瑞卿和铁道部的滕代远,两位部长竟然同时现身,不仅亲自登上专列,十分细致地检查了列车的准备情况,而且还特别郑重地提醒大家:"我们即将执行的,是一次既重要又光荣的任务。这是全国人民的重托,要保证完成好任务!"

就在大家满怀好奇地期待着的时候,只见80多名精神抖擞的警卫人员列队出现在了站台上。在列车服务人员的配合引导下,这些警卫员动作麻利地将一箱箱书籍、文件、衣物和床上用品等搬上了专列。

服务员打开箱子,取出里面的行李物品,开始有条不紊地将它们一一归置到位:一件打着补丁的旧睡衣,两块微微褪色的灰色旧毛毯,还有一把杆子磨得有些发白的牙刷,已经秃得没剩多少毛了……

与之形成鲜明对照的,是从更多的箱子里取出来的那一叠又一叠的书本。这些书在车厢内高高地堆叠起来,竟占据了整整一节车厢的好些地盘。这让列车上的乘务员既吃惊又纳闷:生活如此俭朴,又如此钟爱读书的中央首长,究竟是谁呢?

2 /

下午4时整,这趟神秘的专列终于驶离前门火车站,带着一份神圣的使命,向祖国的南方奔驶而去。

直到第二天早餐过后,那位专门负责首长车厢服务工作的乘务员,才终于见到了那位神秘的首长。当她看到一个魁梧而熟悉的身影，正斜靠在列车窗边那张铺着雪白罩布的宽大沙发上，一边吸烟、一边沉思的时候，心中禁不住狂喜起来：这，这不正是伟大领袖毛主席吗？！

没错，这位亲自率队乘坐这趟专列南下的中央首长，正是时任中共中央主席、中央人民政府主席的毛泽东同志。他的这趟南行，背负着一项重要使命，就是率领工作班子前往杭州，去做一项为新中国法制建设奠定千秋基业的大事——起草中华人民共和国宪法草案。

火车沿着望不到尽头的铁轨隆隆地往前行进，窗外不断变幻的景色就像绵延的画卷在眼前飞速掠过。坐在车窗前的毛泽东指间夹着一支快要燃尽的香烟，脸上却透溢着一副若有所思的神情，似乎根本无暇欣赏窗外的大好河山。此时，在他的心中，正思考着一件重要的事情，就是接下来如何在这趟杭州之行的有限时间里，带领大家起草好宪法草案。

制定新中国宪法，是毛泽东心中高度重视的一件大事。从青年时代起，他就具有强烈的人民立宪意识，曾积极投身于湖南的省宪运动。成为中国共产党重要的领导人之后，在中央革命根据地瑞金，他又领导制定过中国第一部具有人民革命性质的宪法性文件——《中华苏维埃共和国宪法大纲》。新中国成立后，他更是审时度势，密切关注并且身体力行地推进着新中国宪法的制定工作。

1953年1月1日，《人民日报》头版发表元旦社论《迎接一九五三年的伟大任务》，把"召集全国人民代表大会""通过宪法"和"通过国家建设计划"正式列为1953年的三项伟大任务，正式向社会公众提出制宪的议题。"社论"特别提道：在过去三年多的时间中，由于进行巨大的社会政治改革和经济恢复的工作，实行人民代表大会

第一章
去干一件立国安邦的大事

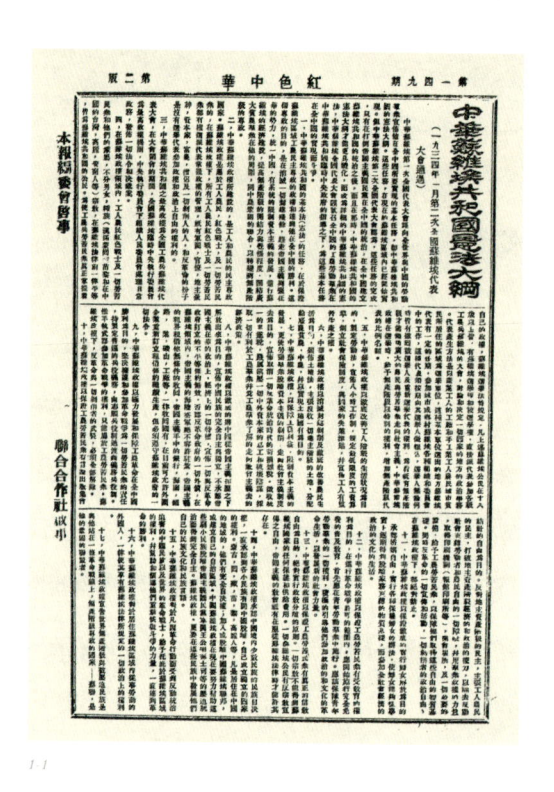

制度的条件还不具备，我国采取了由中国人民政治协商会议的全体会议代行全国人民代表大会职权……同时，由于还没有制定宪法，中国人民政治协商会议共同纲领起了临时宪法作用。这些在过去是完全必要的并且完成了历史任务的过渡的办法，已经不适合现在建设时期的需要了。

为了切实推进三项伟大任务的贯彻落实，1953年1月13日，中央人民政府委员会专门在京召开第二十次会议，讨论了召开全国人民代表大会会议和制定宪法的问题。毛泽东在会上作重要讲话，他明确表示："根据《中国人民政治协商会议共同纲领》的规定，召开全国人民代表大会及地方人民代表大会的条件已经成熟了！"

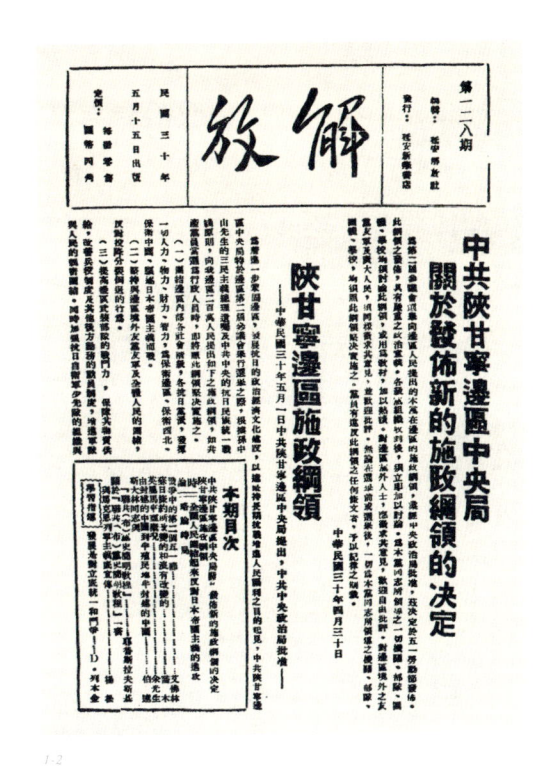

1-1	1-2

◎"五四宪法"历史资料陈列馆中陈列的新中国成立前中国共产党领导制定的重大法律文件。

1-2

召开全国人民代表大会，首要任务就是要制定通过并颁布国家宪法。因此，这次会议经过协商，决定成立以毛泽东为主席，由朱德、宋庆龄、李济深、李维汉等32名委员组成的宪法起草委员会。

这次会后，并没有立即开始宪法的起草工作。直到6月6日晚，毛泽东才召集周恩来、刘少奇、朱德、邓小平、陈伯达、胡乔木等人开会，商谈宪法问题。此后也就暂时搁置下来了。这是什么原因呢？

土地改革和经济恢复任务完成以后，中国面临如何继续前进，即如何向社会主义过渡的问题。党在过渡时期的总路线，是制定宪法的指导思想和基本依据。这个问题的解决，是制定宪法的前提。

第一章
去干一件立国安邦的大事

这时，毛泽东和党中央的主要精力集中在解决总路线问题上面。6月15日，毛泽东在中央政治局会议上第一次比较完整地讲了这个问题，到8月形成了一段完整的文字。6月政治局会议后，中共中央宣传部即起草总路线的宣传提纲，到12月，经毛泽东审阅、修改，定稿，转发全党。这件事情办完，宪法起草工作立即重新提上日程。毛泽东集中精力做这项重要工作。中共中央政治局决定成立宪法起草小组。在集中力量搞总路线宣传提纲的时候，宪法的起草已经开始准备。中央人民政府办公厅编辑了五本《宪法及选举法资料汇编》，陈伯达在11月至12月间写出了一份宪法草稿。

3 /

1953年12月24日下午2时，中共中央政治局召开扩大会议，决定安排毛泽东到杭州休假一段时间，期间的中共中央工作由时任中央书记处书记、中央人民政府副主席的刘少奇代理主持。

这趟名义上的"休假"，毛泽东实则往自己的身上压了一副更重的担子，那就是要着手起草《中华人民共和国宪法草案》。

为了利用休假时间起草好宪法草案，根据毛泽东的提议，中共中央指定了一个由他亲自领导的宪法起草工作小组，成员有陈伯达、胡乔木、田家英等。同时，还以政务院内务部的骨干为主要力量，组成了宪法起草办公室，专门负责收集相关的材料。

中共中央政治局扩大会议刚刚结束的当天下午，毛泽东就带着宪法起草小组成员登上了南下的列车，离开北京前往杭州。随行人员中，除了陈伯达、胡乔木和田家英这三位毛泽东身边的"大笔杆"之外，还有中央办公厅主任杨尚昆、公安部部长罗瑞卿、中央警卫处处长汪东兴、机要秘书叶子龙、卫士长李银桥、保健医生徐涛、专职摄影记者侯波等。

"治国，须有一部大法。"在南下的列车上，毛泽东目光炯炯地望着大家，语气坚定地说道，"我们这次去杭州，就是为了能集中精力做好这件立国安邦的大事！"

第二节 "治国，须有一部大法"

"五四宪法"历史资料陈列馆的序厅，位于复原陈列和主题陈列两大板块之间。序厅的面积虽然不大，但整体布置端庄大气。东西两面分别是"祖国万里河山"和"钱江千里波涛"浮雕墙，祖国万里河山图的上方，镌刻着毛泽东、邓小平、江泽民、胡锦涛同志关于宪法的论述；钱江千里波涛图的上方，镌刻的是习近平总书记关于宪法的重要指示。而序厅的正中央，迎面陈列着一尊纯白色的毛泽东坐像。

这是一座由整块汉白玉雕琢而成的塑像，由我国著名雕塑家杨奇瑞创作完成。雕像中的毛泽东手握书卷、目光深邃地凝视前方，伟大领袖"治大国若烹小鲜"的风发意气和气定神闲，以及熟读经典、遍览世界宪法后对新中国宪法的深思熟虑和胸有成竹顿时跃然眼前。在毛泽东坐像背后的墙上，镌刻着他在赴杭专列上对随行人员说过的一段话："治国，须有一部大法。我们这次去杭州，就是为了能集中精力做好这件立国安邦的大事。"

这一论断，凝结着毛泽东对新中国建设的深度思考，也凝结着中国共产党人对新中国法制建设的探索实践。

◎"五四宪法"历史资料陈列馆北山街馆区序厅。

4 /

新中国成立后,如何治理好这个人口众多、经济文化落后的国家,成了摆在毛泽东面前的一道重大现实课题。领导全国各族人民取得了民族独立和人民解放的中国共产党,应该怎样才能把这个新生的人民共和国引上繁荣富强的道路?路该怎么走?办法在哪里?全世界都在观望着。

"治国,须有一部大法。"毛泽东在南下列车上提出的这一要求,正是他经过深思熟虑后,为新中国找到的一条立国之路。

深知宪法是国家根本大法的毛泽东,自新中国成立之初,就已经思考着要制定一部属于中国人民自己的国家宪法,用来治理

第一章
去干一件立国安邦的大事

这个新生的国家。

然而，刚刚成立的新中国还面临着许多复杂的情况，正式制定一部宪法的时机尚不成熟。1949年10月1日下午3时，当毛泽东站在天安门城楼上，面对着30万群众向全世界庄严宣告"中华人民共和国中央人民政府今天成立了"的时候，国内的解放战争还没完全结束，大陆仍未完全解放，国民党上百万军队在西南、华南和沿海岛屿负隅顽抗；与此同时，中央和地方的各项工作也刚刚展开，可谓是千头万绪，面临着极为繁杂的局面。1950年6月爆发的朝鲜战争，更是牵扯了党中央的很多精力，耗费了大量的人力物力。在这样的形势背景下，中央人民政府一下子也很难集中精力来考虑制宪工作。

更重要的一点是，宪法必须由全国人民代表大会来制定，而召开全国人民代表大会的时机尚未成熟。毛泽东认为，召开人民代表大会至少要满足三个条件：一是全国基本解放；二是实现国内和平统一和安全；三是土地改革彻底实现。而从当时的局势看，召开人民代表大会的条件显然还不具备。因此他提出了三年准备期，待时机成熟之后再制定宪法的想法。

无规矩不成方圆。暂时不能制定宪法，新中国又靠什么来立国安邦呢？1949年9月29日，在中国人民政治协商会议上，起草通过了一份《中国人民政治协商会议共同纲领》，该纲领不仅规定了当时中华人民共和国的性质是新民主主义即人民民主主义的国家，还规定了国家的根本经济制度和分配制度，符合当时中国社会和国家的实际情况。

这份相当于临时宪法的《共同纲领》，在新中国成立之初人民政权的建立与巩固、国家建设与恢复，以及在婚姻法、两大组织法

◎"五四宪法"历史资料陈列馆馆藏《中国人民政治协商会议共同纲领》。

的制定过程中都发挥了重要的作用。它既是宪法的前身，更是宪法起草实施的成功探索。因此，在1950年6月14日召开的中国人民政治协商会议第一届全国委员会第二次会议的开幕式上，毛泽东曾明确指出：我们有伟大而正确的《共同纲领》以为检查工作讨论问题的准则。《共同纲领》必须充分地付之实行，这是我们国家现时的根本大法。

5 /

在新中国成立之初的三年时间里，《共同纲领》有效地团结起了全国的各方力量，极大地激发了全国人民建设新中国的积极性，使中国共产党的领导威望和政策权威得到空前提升。

第一章
去干一件立国安邦的大事

通过几年的奋斗，以毛泽东为主要代表的中国共产党人领导全国各族人民自力更生、发奋图强，陆续完成了土地改革、抗美援朝、镇压反革命等重大任务，国营经济、合作社经济等具有社会主义性质的经济成分得到充分发展，曾经饱受战争重创的国民经济基本得到恢复，文化教育事业呈现繁荣态势，人民民主专政的政权更加巩固，社会秩序日趋安定，人民群众的政治思想觉悟程度也有了极大的提升。所有这一切成就的取得，都为实行普选、召开全国人民代表大会和制定一部正式的宪法奠定了基础。

但作为一个新民主主义国家，当时的社会结构还比较复杂，资本主义和社会主义同时存在，有些人也希望保持这种状态不要改变。他们觉得，"既然已经有了《共同纲领》，何必还要宪法呢？"

到了1952年下半年，这份曾经发挥过临时宪法作用，但显然缺少了社会主义内容的《共同纲领》，有些内容已经不能适应客观形势发展的需要了。

列宁说过，真正伟大的人物总是站在历史的前头，为人民指明前进的方向和道路。对当时的社会局势有着透彻研判的毛泽东，已从不断成长壮大的社会主义经济成分中看到了社会主义生产关系对发展经济的重要促进作用，他认为三年来国家发生的巨大变化，已经证明从当时的新民主主义社会过渡到社会主义社会，是中国应当选择的唯一正确道路。于是他开始酝酿起了过渡时期的总路线，并在1952年9月24日召开的中央书记处会议上，初步提出了"中国怎样从现在过渡到社会主义"的指导思想和宏观设想。

按照毛泽东的观点，新民主主义革命已经结束，开始进入向社会主义过渡阶段。而进行社会主义改造和社会主义工业化，是一个相当艰巨复杂的任务，必须在正确和高度统一的领导下，广泛发动全国人民的力量，充分发挥人民群众的积极性和创造性，克服重重困难，才能得以实现。因此，这个时期政治上需要有高度集中统一的政治领导体制，经济上要对农业、手工业和资本主义工商业进行社会主义改造，还要进行大规模、有计划的经济建设。总而言之，是要开辟一个崭新的历史时期。这就需要在《共同纲领》的基础上跨出新的步伐，制定一部新时期的宪法。

6 /

随着制定宪法的国内政治经济社会条件日益成熟，当时的国际环境，也对新中国的制宪工作起到了重要的推动作用。

这个外部的推力直接来自当时的苏联最高领导人。领导苏联共产党和人民建立了第一个社会主义国家，并且制定了全世界第一部社会主义宪法的斯大林，一直主张要制定新中国宪法，他曾向中国共产党建议制定宪法。

1952年9月30日，刘少奇率领中共代表团赴莫斯科参加苏共第十九次全国代表大会。受毛泽东委托，刘少奇于10月20日致信斯大林，就中国向社会主义过渡的设想征求斯大林意见。在信中，刘少奇向斯大林解释了中国暂时不制宪的理由："因为中国已有一个共同纲领，而且它在群众中在各阶层中均有很好的威信，在目前过渡时期即以共同纲领为国家的根本大法是可以过得去的……我们考虑在目前过渡时期是否可以暂时不制订宪法，而以共同纲领代替宪法，共同纲领则可以在历次政协全体会议或全国人民代表大会加以修改补充。待中国目前的阶级关系有了基本的改变以后，即中国在基本上进入社会主义以后，再来制订宪法。而那时我们在基本上就可以

第一章
去干一件立国安邦的大事

制订一个社会主义的宪法。"

10月24日,斯大林会见刘少奇一行。在会谈中,他提出中国应该尽快制定宪法。他说:"我认为这样作,对你们是有利的。你们可以考虑。"斯大林还详细阐释了制宪的必要性:"如果你们不制订宪法,不进行选举,敌人可以用两种说法向工农群众进行宣传反对你们:一是说你们的政府不是人民选举的;二是说你们国家没有宪法。因政协不是人民经选举产生的,人家就可以说你们的政权是建立在刺刀上的,是自封的。你们应该从敌人手中拿掉这个武器,不给他们这些借口。"他以阿尔巴尼亚为例说:"阿尔巴尼亚是落后的,现在也有了宪法并实行了选举,中国不应比阿尔巴尼亚落后。"

刘少奇回国后,及时向中共中央和毛泽东作了汇报。中共中央经过慎重研究,决定接受斯大林的建议,加快召开人民代表大会和制定宪法的进程。

7 /

制定宪法虽然是由中共中央提出的,但从程序上讲,必须由政协启动。

按照这一程序,1952年12月24日,周恩来代表中共中央在第一届全国政协常委会第四十三次会议上提出了召开人民代表大会的建议。全国政协常委会于当日举行扩大会议,讨论了中共中央的这个建议,一致同意由全国政协向中央人民政府委员会建议,在1953年召开全国和地方各级人民代表大会,起草制定宪法。

程序虽然全部到位了,但制定宪法并不是中国共产党一党的事情,而是一件关乎全国人民的大事,必须提前与党外人士做好沟通,广泛听取他们的意见。为此,毛泽东与周恩来分别于1953

年1月11日和12日牵头召开了党外人士和全国政协两个座谈会。

座谈会在民主的气氛中进行，与会者畅所欲言，说出了各自的想法和顾虑：

"制定宪法的依据是什么？"

"现阶段制定宪法，有没有可能性？会不会面临什么困难？"

"制定宪法对资产阶级、民主党派会不会造成不利？"

很显然，这些政协委员和党外人士对制定宪法后民族资产阶级是否会被排除在政权之外心存顾虑，担心以后是不是只由共产党说了算。

针对民主人士提出的这些意见，毛泽东和周恩来逐条进行了反复研究，并商定由毛泽东亲自出面做解释工作。

1953年1月13日，中央人民政府委员会召开第二十次会议，讨论筹备并召开全国人民代表大会及地方各级人民代表大会、起草宪法等事项。毛泽东在会上针对民族资产阶级和民主党派的顾虑，专门就制定宪法作了解释和说明。他在讲话中指出，大陆上的军事行动已经基本完成，土改也基本结束，全国各界人民已经组织起来了，制定宪法的条件已经具备，提出制定宪法正当其时。

"制定宪法的目的，不是图共产党一党私利，而是为了更加发扬人民民主，加强国家建设，加强反对帝国主义的斗争。"毛泽东认为，制定宪法，是一种民主，先要搞选举，这本身就是一种民主。他说，"我们从清朝末年起就争这个民主，已经争了五六十年。我们从甲午战争到辛亥革命，是向清朝要民主，向北洋政府要民主。后来我们向蒋介石要民主。现在，建立了新中国，我们搞宪法，就是要体现民主！"

周恩来也在会上补充道："搞宪法，会有困难，但困难是可以

第一章
去干一件立国安邦的大事

解决的。我们制定的宪法，也不是不变的。我们现在制定宪法，只规定现在要做的事。我们要制定的，是现阶段的宪法。"

为了做通民族资产阶级和民主党派的工作，毛泽东和周恩来之后又多次召开民主人士会议，深入细致地做他们的思想工作，终于消除了民主人士的一些顾虑，统一了大家的思想。在此基础上，中央人民政府委员会通过了关于召开全国人民代表大会及地方各级人民代表大会的决议。会上还决定成立以毛泽东为主席的中华人民共和国宪法起草委员会和以周恩来为主席的中华人民共和国选举法起草委员会。

开局锣鼓正式敲响，其后的各项筹备工作便紧锣密鼓地进入了有序的轨道。经过不到两周时间的紧张工作，选举法起草委员会很快就拿出了《中华人民共和国全国人民代表大会及地方各级人民代表大会选举法（草案）》。1月25日，周恩来将这份草案的修改本送毛泽东审阅，次日就得到了主席的批复赞同。2月11日，中央人民政府委员会第二十二次会议通过了这部选举法，3月1日正式颁布施行。

选举法的颁布和实施在全国获得了极大的成功，共有近3亿选民参加了选举，这在中国乃至全世界都是一次空前规模的民主运动。普选制的成功实行，不仅让中国人民第一次自主行使了神圣的民主权利，也为全国人民代表大会的召开打下了良好的基础。

接下来的一大任务，便是制定起草宪法草案了。因为召开第一次全国人民代表大会的首要任务，就是要制定《中华人民共和国宪法》这个根本大法。

当时国际国内形势都非常复杂，毛泽东的主要精力都倾注在解决过渡时期总路线及有关问题，一时还腾不出手来搞宪法。于是他就指示秘书陈伯达先试着起草了一份最早的宪法草案初稿,但是这份草案毛泽东看了之后说不行,于是便搁置一边未被采用了。

1953年12月,过渡时期总路线的宣传提纲审定工作结束,毛泽东决定从繁忙的公务中脱身出来,到外地去集中精力起草好宪法的草案。此时,劳累过度的毛泽东身体也正需要调养,于是中央决定安排毛泽东到杭州休假一段时间。

推迟了将近一年时间的宪法草案起草工作,终于在驶向南方的隆隆列车上拉开了帷幕。

第三节　日理万机的旅程

　　这是一台特殊的显示屏幕，临窗安放在"五四宪法"历史资料陈列馆主题陈列第四单元展厅的一个展柜之上。屏幕中播放的，既不是历史资料图片，也不是电视专题片，而是一个沙画视频。在这组以特殊艺术形式生动反映五四宪法"西湖稿"起草和讨论通过全过程的沙画作品中，第一幅所呈现的，便是毛泽东深夜抵达杭州的情景。

　　在这幅沙画作品中我们可以看到，毛泽东乘坐的专列已在夜幕中稳稳地停靠在了杭州火车站的站台上。刚刚步下火车的毛泽东戴着呢帽、穿着长大衣，在浙江方面的接站人员簇拥下缓缓走来。他一边前行，一边倾听着身边人的汇报，旅途奔波带来的疲倦已悄然写在脸上。

　　的确，毛泽东的这趟南行，是一趟日理万机的旅程。从北京到杭州，他一路上几乎都在读书学习、听取汇报、研究工作，就连60周岁的生日，也是以一种极简的方式在火车上度过的。

◎《"西湖稿"与"五四宪法"》沙画视频画面。

8 /

南行的专列像一道绿色的闪电，划过寒风凛冽的华北平原，向齐鲁大地疾驰而去。1953年12月24日深夜，列车从河北稳稳地驶入了山东。

25日0时25分，列车在德州西站停靠，经过大约6个小时的宿营休整，于早晨6时30分继续南行。

上午10时许，列车抵达济南。早已迎候在站台上的山东分局第二书记、山东省人民政府副主席向明登上列车，向主席专题汇报了山东省的工作。

一个多小时的时间不觉间飞快过去，终于到了可以轻松片刻

第一章
去干一件立国安邦的大事

的午餐时间。听完汇报的毛泽东刚刚在餐桌前坐下,警卫员就在一旁熟门熟路地打开了留声机。

出发前,毛泽东曾专门指示过警卫员,要把他日常使用的洗漱用具、衣服铺盖、书籍等都带全了,到地方不要用公家的东西。想到毛泽东平时休息的时候最爱听京戏,比如高庆奎的《逍遥津》、言菊朋的《捉放曹》、刘鸿声的《斩黄袍》、谭富英的《空城计》等等,主席都非常喜欢,于是警卫员就在装箱打包的时候,特意把留声机和这些京剧唱片也带上了。

见毛泽东拿起了筷子,警卫员赶紧从一叠唱片中抽出一张,放到了留声机中。

"我本是,卧龙岗散淡的人,凭阴阳如反掌保定乾坤,先帝爷下南阳御驾三请,算就了汉家的业鼎足三分……"简洁明快、韵味绵长的唱腔顿时在车厢内响起。

毛泽东一边吃饭,一边听着唱片,不知不觉就陶醉其间,跟着唱片轻声哼唱起来:"官封到武乡侯执掌帅印,东西战南北剿博古通今。周文王访姜尚周室大振,俺诸葛怎比得前辈的先生,闲无事在敌楼我亮一亮琴音,我面前缺少个知音的人。"见毛泽东的兴致这么高,一旁的罗瑞卿忍不住好奇地问道:"这京戏唱的到底是啥呀?我可是一句都听不懂啊!"

"这是著名京剧艺术家谭富英的《空城计》,唱的是诸葛亮辅佐刘备打江山,空城智退司马懿的故事。"毛泽东兴致勃勃地点评起来,"这个唱段不仅表现了诸葛亮的足智多谋,更展现了他鞠躬尽瘁的精神面貌,动人心脾呐!"

"听不懂,完全听不懂。"罗瑞卿无奈地摇摇头。

毛泽东闻言,哈哈大笑起来:"你多听几遍就懂啦!"

"主席对京戏的唱词和唱腔都很熟悉啊!"杨尚昆也忍不住赞叹了一句。

"我唱的不是京味,是湖南腔!"毛泽东这句既谦虚又风趣的调侃,顿时把大家都给逗乐了。

9 /

午餐的短暂时光,在一片欢声笑语中倏忽而过。在接下来的漫长旅途中,毛泽东又把更多的时间倾注在了读书和工作之中。

这天下午,毛泽东指示杨尚昆,给在京主持中央工作的刘少奇发一份电报,请他起草一份关于增强党的团结的决议。

为什么在南下"休假"的列车上,毛泽东还惦记着要抓紧起草这样一份决议呢?原来,当时的党内发生了一些严重影响团结的事件,高岗、饶漱石对于党内团结的重要性认识不足,对巩固提高中央威信的重要性认识不足,滋长了一种极端危险的骄傲情绪和夸大个人作用的倾向。为了及时制止这种危险倾向,切实加强党内团结,毛泽东建议起草这样一份提交全党遵照执行的决议,以便对全党高级干部的言行作出规范。

遵照毛泽东的指示,随行的杨尚昆立即致电刘少奇:"我们十时半过济南。奉指示转告,请你根据昨日中央政治局会议的精神,写一关于增强党的团结的决议,字数以五百字左右为限,写好经中央会议讨论修改后,派飞机专送到目的地(飞机可请总理处办理),以备审阅。"

晚餐过后,天色已是一片漆黑。当毛泽东捧着厚厚的书本正全神贯注地阅读的时候,列车已在茫茫夜色中不知不觉地驶出山东省,向南进入了安徽的蚌埠境内。25日24时,列车在蚌埠支线

第一章
去干一件立国安邦的大事

暂停宿营。

26日9时30分，天光早已一片透亮，列车继续启程，朝着东南方向驶入江苏，直奔南京而去。

这天的午餐有些特别，除了传统的米饭和四菜一汤外，餐桌上还多了一大碗热气腾腾的面条。原来，12月26日正是毛泽东的60岁生日，早在几天前，党中央就接到了全世界马列主义政党、友好团体和友好人士发来的许多贺电、贺信，热情祝贺毛泽东的六十大寿。虽然毛泽东严格指示不准发表这些贺电、贺信，可是他身边的工作人员却怎么也抑制不住为毛主席祝寿的愿望，几天前就悄悄商量着这事儿了。

对于这样一个特别的日子，身边的工作人员都很想为主席庆贺一下。但是大家都知道，主席向来反对过生日，更不喜欢铺张浪费。他经常说："庆贺生日不会使人长寿，因此并无必要庆贺。"这一次把自己的六十大寿安排在列车上度过，很可能也是有意想避开别人给他祝寿。大家想来想去，最后决定为主席做一碗朴素而又饱含深情的长寿面。

这天，警卫员早早就等候在值班车厢，待毛泽东醒来后，他高兴地走到主席床前，把警卫人员的心愿汇报给他，并祝主席健康长寿。

"谢谢同志们！"毛泽东听后微笑着点点头，随即又指示道，"你备点酒，让老廖师傅给做四菜一汤，请大家吃饭。对了，别忘了烧锅炉的工人和秘书同志，请他们一起来。"

这天下午，列车达到南京浦口。在专列上，毛泽东又仔细听取了华东局委员江苏省委第一书记柯庆施关于江苏工作的汇报。他之所以要在列车上挤出时间，如此频繁地听取各地的工作汇报，目的正是为了对即将展开的宪法草案起草工作做一些调查研究。

10 /

27日凌晨1时，专列即将抵达上海。按照毛泽东原本的想法，并不打算在上海住下，但是上海方面的同志非常诚恳地请主席在上海下车住宿，考虑到之前一直是在车上宿营，坐车时间实在太久，确实有些疲劳了，于是主席便同意留宿上海。

解放初期的上海，还存在着一些不安全的因素，毛泽东又是解放后第一次到上海，为了保证主席的安全和保密，杨尚昆专门把罗瑞卿、叶子龙、汪东兴和柯庆施等人召集起来开了个会。经过研究，决定不在上海火车站下车，而是提前在南翔车站下车，由柯庆施等陪同，乘汽车前往上海市瑞金路上的华东局驻地。

冬日的深夜，上海街头吹来的风冰冷而又潮湿。身披呢子大衣的毛泽东跨下火车，见站台上迎候着谭震林、张鼎丞、粟裕等几位华东局的负责同志，便停下脚步，向他们提起了一位不久前刚从华东局调任中组部的负责人的问题。

"主席有什么指示？"即将调任中央组织部第一副部长的张鼎丞问道。

毛泽东知道张鼎丞是其老部下，便语重心长地说道："对党和人民忠诚老实，这是很好的。对阴谋家、野心家可不能老实呀。对阴谋家、野心家老实，是要上当的！"

说完，毛泽东便健步登上接送他们前往住地的汽车，由柯庆施等人亲自带路，在四台警车的护卫下向着市区疾驶而去。

到达住地后，已是凌晨两点多钟，华东局的领导见时间太晚了，只简单地向毛泽东报告了一些工作事项，并请示了白天的安排

第一章
去干一件立国安邦的大事

后,就告辞了。

正准备休息的毛泽东走进卧室,忽然发现床上铺着花床单,上面整整齐齐地放着缎面被子和绣花枕头,便露出生气的样子。

艰苦朴素是毛泽东的一贯作风,加之当时我国的经济基础还比较薄弱,从上到下都厉行节约,毛泽东更是带头严格执行。

"我不是跟你们说过不要用公家的东西吗?把这些被褥统统拿走,用我自己的被褥!"毛泽东冲着卫士长李银桥说道。

"带来的被褥都在火车上,没有拿下来……"李银桥喏喏道。

"我们马上到火车站去取!"一旁的秘书叶子龙见状,马上机灵地说道。

毛泽东走进卫生间,打算洗漱一下,看到台盆上又摆着崭新的大小花毛巾和香皂,忍不住又提高了嗓音:"把这些洗漱用具也都拿走,用自己的!"

很快,警卫员就把毛泽东的被褥和洗漱用品都拿来了,根据毛泽东的要求,还给他换上了木板床。一番折腾之后,直到凌晨3点,毛泽东才躺下睡觉。

所幸这一夜睡得还算踏实,等一觉醒来已是白昼。

下午,在杨尚昆和谭震林的陪同下,毛泽东正式会见了华东局和江苏省领导陈毅、谭震林、柯庆施等。在听取了他们的工作汇报后,毛泽东充满期望地说:"上海是全国第一大城市,过去是西方帝国主义的乐园,我们要把上海建设成经济繁荣发达的、人民群众的大都市、大乐园!这是党中央对你们的期望!"

第四节　北山街84号院的小楼

　　杭州北山街84号大院30号是一建筑面积为756平方米的青砖小楼，由一幢平房和一幢二层楼房构成，这里便是"五四宪法"历史资料陈列馆的北山街馆区。陈列馆由序厅、复原陈列和主题陈列三个部分组成，展出了《西子湖畔制宪奠基》基本陈列，讲述了五四宪法从起草、讨论、通过到实施的全过程。位于陈列馆左边一楼平房内的复原陈列，包含了会议室、会客厅、办公室、休息室、卫生间、值班室等部分，完好地保存了当年毛泽东在此工作、学习、会客、休息，尤其是带领写作班子起草五四宪法草案的场景；位于陈列馆右侧的二层楼房，当年是陈伯达、胡乔木、田家英等几位秘书的办公和住宿的地方，如今这里已布置成了陈列馆的主题列陈区域，一共包含了《制定五四宪法的历史背景》《毛泽东主持"西湖稿"起草》《全国人民参与大讨论》《"人民的宪法"获全票通过》《五四宪法精神的传承和弘扬》《全面实施宪法》等六个单元，全面再现了当年制定宪法的这段光荣历史。

　　徜徉在这片饱含着岁月沧桑的青砖小楼中，随着讲解员的娓娓道来，当年的历史仿佛又清晰地浮现眼前。

◎ "五四宪法"起草地旧址旧照。

11 /

  1953年12月28日零时的钟声刚刚敲响,一辆来自北方的绿色专列便稳稳地停靠在了杭州火车站的月台旁。经过长达100多个小时的漫漫旅程,由毛泽东亲自率领的宪法起草小组一行,终于在江南冬夜的茫茫薄雾中顺利抵达杭州。

  此时,负责接站的中共浙江省委常委、浙江省人民政府副主席李丰平和省公安厅厅长王芳早已在月台上等候多时。早早就赴上海迎接主席一行的中共浙江省委书记谭启龙陪着毛泽东主席一走下火车,二人便迎上前去,向主席简明扼要地汇报了宪法起草小组一行的住地和办公地点安排情况:毛泽东下榻的地方,安排

第一章
去干一件立国安邦的大事

在西湖边的刘庄一号楼；罗瑞卿、杨尚昆的住地，安排在南山路113号，新中国成立前那里曾是蒋介石的一处别墅；陈伯达、胡乔木、田家英等几位秘书的办公和住宿，都安排在北山街84号院30号楼东侧的二层主楼里。北山街84号院30号楼西侧的一层平房，则是毛泽东的办公地。对于毛泽东一行的住地安排，浙江省委是做了反复权衡的。这不仅要考量环境的安静舒适，以便领导工作好、休息好，更需要从安全保卫的角度出发，确保万无一失。

保卫党和国家领导人的绝对安全是一项重大而神圣的使命，责任大如天。而当时的杭州解放还没几年，政治和社会治安状况都还十分复杂，明里的敌人虽然已被镇压和管制，但隐藏起来的敌人则更加危险。尤其是在西湖风景区内，潜在的隐患不容忽视。

为此，浙江省公安机关首先在西湖区提出"打扫院子，迎接客人"，通过调查摸底，清理了包括土匪、特务、恶霸、反动党团干部、反动会道门头子等数百人，对这些人按党的政策进行了适当的处理和安置；以赎买的办法，将西湖风景区内背景复杂的主要商店、茶室收归国有；还在风景区内建立了一百多个以做好警卫工作为主要目的的隐蔽职业点，挑选了数百名刚从抗美援朝战场上回来的复退军人、翻身青年农民和职工积极分子，经过短期培训后派驻各个职业点开展营业工作。

考虑到毛泽东的作风特别深入细致，每到一处都喜欢跟百姓拉家常，了解情况，开展调查研究，因此不能因为强调安全而阻断领导与老百姓的联系。所以，对凡是毛泽东有可能去的路线和地方，公安机关都提前进行了认真细致的调查摸底，做到心中有数，并采取了相应的预防措施。他们在建立职业点的基础上，又物色发展了一大批群众保卫人员，把他们安置在主要风景点、交通沿线、主要道口、首长住地、店铺小摊、茶室、旅馆、饭店、土特产粮果店等各个场所，各单位的党政干部、保卫干部、党团员和积极分子自觉参与群众化、社会化的警卫据点，从而形成了一张底数清、耳目灵、情况明的安全网。

而最最核心的首长住地，当然是经过千挑选万权衡，才最终选定的。对于浙江方面的安排，毛泽东是信任的。虽然在他的日常言谈中，很少有公开表扬浙江省委领导的，但大家都看得出来，主席对浙江的整体工作是满意的。浙江的领导班子一直保持着比较冷静的头脑，工作中能够坚持实事求是，作风非常务实。因此，毛泽东对浙江省委领导班子的办事是比较放心的。

12 /

毛泽东边听谭启龙汇报边走向了等候在一旁的轿车。

黑色的吉斯110轿车沿着寂静的南山路向西湖西岸驶去，没过多久，便来到了丁家山下一处靠山面水、绿荫环抱，环境异常幽静的建筑群旁。这里，就是浙江省委为毛泽东精心选择的住地——刘庄。

说起这辆吉斯110轿车，还是苏联领导人斯大林赠送给毛泽东的。这是一款通体黑色的高级特制防弹保险车，该车自重达6吨，轮胎外带是双层结构的，底盘装有厚厚的钢板；车窗玻璃也有六七厘米厚，借助一套液压系统才能升降；车门关闭后，还有一根很粗的链子锁；车厢内还有一道可升降的厚玻璃，能与前面司机的座位隔开，既防弹，又保密。1949年12月，毛泽东在率领中国代表团访问苏联期间，一直乘坐的是吉斯115。访问结束回国时，斯大林把那辆吉斯115和另一辆吉斯110一起赠送给了毛泽东。

第一章
去干一件立国安邦的大事

◎ 刘庄一号楼旧照。

此后,这两辆座驾就一直伴随着主席。这趟毛泽东亲临杭州起草五四宪法,为了他的安全和工作方便,中央警卫局便把其中这辆吉斯110运到了杭州,供毛泽东在杭期间使用。

当时的刘庄,是一处已有近五十年历史的精美山庄园林别墅,由铁路部门管理。这个山庄别墅系由晚清光绪年间的广东富豪举人刘学询于光绪三十一年(公元1905年)耗资十余万银两建筑而成的。

刘学询是孙中山的同乡,为名将后裔,少年得志考取功名后,又靠承包官督民办的"闱姓"博彩敛得巨财。他在政治上极有野心,一度做过两广总督李鸿章的幕僚,曾积极策划两广独立,梦想建国当皇帝。但几次谋事不成，最后心灰意冷，淡出江湖，在丁家山南麓买下大片土地，以"水竹居"为中心，建起了一片融于自然美景之中的江南私家园林建筑。这片建筑群包含了水竹安乐斋、梦香阁、半隐庐、望山楼、耦耕草堂、延秋水榭、湖山春晓阁、松岛长春屋等，可谓是山水建筑互为因借，楼台水榭布置得体，既具东方园林之特色，又得西湖美景之天趣，被誉为"西湖第一名园"。

1905年，康有为在毗邻刘庄的丁家山上又建造了一座占地30余亩的别墅，名曰"一天园"。新中国成立后刘庄由人民政府改建，一天园并入刘庄，成了如今西湖国宾馆的一部分。不过这是后话，1953年毛泽东下榻刘庄的时候，这里尚未改建，当时浙江省委还是从铁路部门那里临时腾出来的。

浙江省委之所以看中刘庄，将其安排为毛泽东的下榻之地，正是因为看中了这里山水交融、环境清幽，特别适宜休养居住；而且这里三面环水，地理位置也非常独特，有利于做好安全保卫工作。

毛泽东的住地在刘庄一号楼，是一组布局十分精巧的建筑群，高低错落的建筑依湖岸的形状，灵活自由地分布在丁家山的半山腰处。

对于一号楼内部的分区功能安排，浙江省委也是作了精心安排的。他们将一号楼的建筑分成甲乙丙丁四个部分，其中由一条青竹长廊相连的甲部和乙部为主要建筑，是毛泽东一家生活办公的地方。

甲部有会议室、会客厅、起居室、餐厅及卧室等，可供毛泽东起居和工作。面湖及朝向最好的是1001号房间，包含了卧室、起居室、卫生间和书房，卧室和起居室都有5米高，显得特别通

第一章
去干一件立国安邦的大事

透；书房有一扇临湖的大窗，推开窗户就是静谧的西湖，还有绿色的群山。

甲部的东面两层是毛泽东亲属的居室，房内高度也有4.2米。北面有会议室、餐厅、厨房和工作人员用房，其中位于东入口处的会议室层高达6米，部分屋顶为悬山顶，其北山墙上开有大窗，与建筑外面的草坪相得益彰；餐厅的北外墙上，则有6个方形抹角的石雕壁龛，以"岁寒三友"松、竹、梅为题材，极具中国传统园林的意趣。

乙部有一个小礼堂和一间乒乓球室；丙部和丁部为警卫等的辅助用房，距离甲乙两部仅几十米。另外，在东面还有一个理发室。

看到主席对下榻地表示满意，谭启龙、李丰平和王芳等几位负责接待的浙江领导自然也是特别欣慰。

13 /

除了毛泽东下榻的刘庄一号楼，浙江方面为宪法起草小组精心准备的另一处地方，便是位于西湖北岸葛岭南麓的北山街84号大院30号楼。正是在这里，中国首部宪法的起草小组成员们在毛泽东的亲自带领下，夜以继日，废寝忘食，终于圆满完成了起草宪法草案的艰巨任务，为新中国的法制建设开启了新的里程。

北山街84号东起玛瑙寺，西至杭州香格里拉饭店，北靠葛岭山脊，南濒北山街，是一个占地达数百亩的幽深大院。院内山道蜿蜒，古树婆娑，青藤披垂，花草缤纷，宛若世外桃源。一座座飞檐翘角的中式庭院、端庄厚重的西式洋房、中西合璧的青砖小楼，闲适地散布在山脚林间，或典雅，或雄浑，或清幽，仿佛在无声地陈述着一段段曾经辉煌却早已被人们淡忘的历史。

◎ 汤恩伯住宅的外墙。

新中国成立前，这里曾是众多民国传奇人物的聚集地，譬如旅法华裔画家赵无极、人称"刘半城"的江南首富刘镛的后代等。1949年5月以后，这个大院成为浙江省委的干部宿舍，因而得到了较为妥善的保存。

沿着块石垒砌起来的坚固围墙绕行百米，便来到了一处铸铁门楼前。左右墙角都立着界碑，上面镌刻着"汤界"的字样。

这里，就是国民党将领汤恩伯曾经的住宅。整个住宅占地4.5亩，院内花木葳蕤，砖楼耸立，砖楼由一主一副两部分组成，主楼是一栋洋瓦覆顶的二层西式青砖楼，楼上楼下共有十余个房间；副楼则是一幢青砖砌成的尖顶平房，高高的坡顶上开有长方形的通风口，可将山间流动着的清新空气吸纳进来。

自从北山街84号成为省政府干部的宿舍大院后，原为葛岭山路3号的汤恩伯住宅，就被重新编排为北山街84号30号楼。最先的入住者，是新中国首任浙江省委书记谭震林。1952年8月，谭震林调上海任华东局第三书记后，接任浙江省委书记的谭启龙一家搬进了这座30号楼。

得知毛泽东要来杭州起草宪法草案，谭启龙便主动提出把30号楼让出来，给主席在杭州期间办公用。负责安排主席一行住地和办公用房的省委有关同志觉得，反正另外也能找到合适的地方，就劝谭书记不要搬来搬去的折腾了。可是谭启龙却坚持道："把最好的房子留给主席和他的秀才们吧！"

于是，在毛泽东一行抵达杭州之前，谭启龙就带着全家搬出北山街84号30号楼，住到孤山路1号去了。

12月28日上午，经过一夜休整的毛泽东起得比平时都早。在省委领导的陪同下，他首先来到北山街84号，看了30号楼的办公环境后，表示他很喜欢这个地方，就在这里办公。

第二章 / 集中精力办大事的地方

第五节　为什么是杭州

走进"五四宪法"历史资料陈列馆主题陈列的第二单元展厅，一幅毛泽东站在西湖边凝神眺望的照片立即跃入眼帘。这幅拍摄于主席在杭州主持起草五四宪法"西湖稿"期间的珍贵影像资料，被醒目地展示在电报手稿上方的灯箱内，向观众们无声地传递着主席对杭州、对西湖的那份特殊情感。

照片中的毛泽东身着整齐的中山装，外套过膝的长大衣，头戴一顶大家非常熟悉的呢帽子，脚上蹬着那双被他穿了几十年都舍不得换的皮鞋，神情安详而又悠闲地站在西湖边临水的大树下。清澈的湖水静静地萦绕在主席的身边，他那伟岸的身影，和身后远处影影绰绰的树影一齐倒映在水中，构成了一幅天人合一的美妙图画。

毛泽东利用工作之余走遍了杭州西湖的许多地方。杭州西湖的山山水水间，处处留下了主席高大的身影和坚实的脚印。在这一路的走访过程中，毛泽东抓住一切机会深入群众、接触群众，了解他们的工作生活状况和所思所想。

◎ 1954年，毛泽东在杭州。（侯波 摄）

14 /

起草新中国的第一部宪法，这是一件事关立国安邦的大事。日理万机的毛泽东切身体会到，要完成这件大事，必须得找一个能够让自己专心工作一段时间的地方，关起门来集中精力进行研究起草。同时，考虑到毛泽东在新中国成立以来国事繁忙，身体急需调养，中央在赋予毛泽东制宪任务的同时，也要求他利用这段时间进行适当休养。

最终，毛泽东把这个地方定在了千里之外的杭州，这是因为他对杭州有着非同一般的感情。他曾动情地说过："杭州是我的第二故乡。"

第二章
集中精力办大事的地方

作为新中国的开国领袖，花甲之年的毛泽东足迹已踏遍了祖国的千山万水。但是对于名闻遐迩的杭州，他只在1921年匆匆来过。至于西湖，他甚至都还没时间好好看一看。不过，对于杭州和西湖的各种历史典故，毛泽东却早已了如指掌，他不仅在画册相片上见识过西湖，在众人的赞美声中听闻过西湖，更在历代诗词中领略过西湖的独特魅力。

杭州是一个自然环境特别清静的地方，不仅适合休假，更有利于静下心来思考问题。选择杭州作为起草宪法的地方，无疑是非常合适的。

15 /

《宪法》草案的开头应该怎么写？这个问题毛泽东在心中其实已经思考许久了。他觉得，应该在最前面写一段序言，对新中国成立以来我国人民在土地制度改革、恢复国民经济等各个方面取得的成就作一个纲领性的概括。那么，这段话该如何写？写到一个怎么样的程度？他觉得必须到各地去走一走看一看，心中才更加有底。于是，在此后的一个多星期里，毛泽东带领着大家在杭州频繁走访了许多地方。

12月28日下午，毛泽东游览了西湖周边一些距离较近的景点。

他们首先乘车来到玉泉，穿过浓荫遮蔽的蜿蜒小径，漫步来到玉泉池畔，观看了泉池鱼乐的生动场景。随后便乘车前往不远处的黄龙洞景区。

黄龙洞是位于杭州栖霞岭下的一处景点，又名"无门洞""飞龙洞"。据说是因为当年慧开和尚在此建寺修行，某日忽然惊雷山裂，有清泉自石中喷出，被认为是黄龙随慧开而来，故而得名

"黄龙洞"。

走到洞口的时候,毛泽东若有所思地抬头看了看四周,举起右手朝前方指了指,说:"这个洞并不大,但从龙头口喷出的水却很大。"

大家一看,还真是这么回事。于是都在心中感叹:主席观察事物还真是细致入微!

参观了黄龙洞的房舍、水池和树木后,毛泽东一行又来到了西湖西岸。

站在波光粼粼的西湖岸边,毛泽东的脸上绽开了舒畅的笑容,他对身边的工作人员说:"西湖,早就想来了!"

16 /

西湖西岸有一个平房茶社,里面正在喝茶的群众看到毛主席的身影出现在眼前,纷纷激动地围了上来。毛泽东见状停下脚步,和蔼地向大家问好,并询问了解生活工作情况。

离开茶社沿着西湖继续前行,不一会儿就来到了苏堤。望着冬阳下仍绿意盎然地静卧在水面上的长堤,毛泽东兴致盎然地向随行人员介绍起了苏东坡在杭任职期间为老百姓做过的好事。他说:"苏轼在杭州为官时做了不少好事,修西湖筑长堤就是其中之一。"

不觉间,大家又来到了白堤边上。在顺便讲了白堤的由来和修筑经过后,毛泽东站在白堤尽头的断桥上,颇有感情地说:"这里是《白蛇传》故事的发源地。断桥是许仙和白娘子两次相会的地方。他们的故事很感人。这个故事是提倡妇女解放,自由恋爱,反对封建制度的。"

说到这里,毛泽东抬起手臂指向了西湖南岸的一座山峰:"法海迫害白娘子，并把她压在那座雷峰塔下。这个故事虽然是神话，却有进步意义。群众都恨法海，同情白娘子。你们要是看过《白蛇传》这个故事或这出京戏，就知道怎么回事了。"

大家都觉得挺意外的，主席才来过杭州一次，而且还是那么多年前的匆匆一日之行，怎么对西湖的情况这么了解啊？看来，主席对杭州这个地方的确是情有独钟啊。

17 /

12月29日午后，罗瑞卿和杨尚昆早早来到了刘庄，根据安排，他们今天要陪主席去看一看钱塘江大桥和六和塔。

黑色的吉斯110轿车从刘庄出发，沿着西山路缓缓南行，转入虎跑路后继续往南，不出一袋烟工夫，便来到了钱塘江畔。江面之上，一座雄伟的大桥巍然挺立，就像一道气势非凡的长虹横跨在大江两岸。

毛泽东一行在桥畔下车。在众人陪同下，毛泽东大步流星地登上大桥头。望着气势宏伟的大桥，他情不自禁地啧啧称赞。

"这是我国目前唯一的一座上面跑汽车、中间跑火车、水上跑轮船的双层大桥。"随行人员向毛泽东介绍道。

闻听此言，毛泽东情绪高昂，他面带笑容地说道："只要我们努力，在不久的将来，定会建造出更多更先进的大桥！"

在众人的簇拥下，毛泽东又沿着一条山道登上了紧挨着钱塘江大桥的那座小山包，来到了矗立在山顶的六和塔跟前。

"六和塔又名六合塔，始建于宋开宝三年，也就是公元970年。塔基原址是吴越王钱弘俶的南果园。钱王之所以舍弃果园建造此塔，目的是为了镇压钱江大潮……"工作人员如数家珍地上前向主席介绍起来。

毛泽东一边听着工作人员的介绍,一边饶有兴致地绕着六和塔走了一圈。

毛泽东还用这座古塔打起了比喻,教育身边人要勤奋读书、刻苦学习。他说:"做学问就像造这座塔一样,先要打好基础,然后再一层一层地叠起来。"

18 /

就这样,在宪法起草工作正式展开之前的一个多星期里,毛泽东频繁地外出走访参观,足迹几乎踏遍了西湖的山山水水。利用这短暂的"休假"时间,他不仅尽情领略了"水光潋滟晴方好,山色空蒙雨亦奇"的西湖动人美景,更主要的目的,是从杭州的情况亲身感受到了社会主义改造后国家可喜的建设发展态势。这为之后宪法草案的序言中有关"我国人民在过去几年内已经胜利地进行了改革土地制度、抗美援朝、镇压反革命分子、恢复国民经济等大规模的斗争,这就为有计划地进行经济建设、逐步过渡到社会主义社会准备了必要的条件"等论述打下了基础。

同时,毛泽东通过走访也深入接触了基层百姓,调查了解人民群众的生活工作状况。无论是在平房茶社、龙泉古井茶园,还是在六和塔、灵隐寺、岳王庙、莫干山,每到一处,他都会主动走近当地群众,与他们亲切交谈,了解大家的生产生活情况,听取百姓的意见与心声。

这些走访和调研,都为接下来的宪法起草工作积累了最真实、最鲜活的素材。在之后成文的宪法草案中,不仅明确将"中华人民共和国的一切权力属于人民"列为一条,还提出:"一切国家机关必须依靠人民群众，经常保持同群众的密切联系，倾听群众的意见，接受群众的监督。""一切国家机关工作人员必须效忠人民民主制度，服从宪法和法律，努力为人民服务。"

第六节　简朴喜庆的生日宴

在"五四宪法"历史资料陈列馆复原陈列走廊的墙上，展示着一张时任浙江省公安厅厅长王芳陪同毛泽东在钱塘江出海口视察海塘建设情况的图片。图片中的王芳穿着几乎与毛泽东一模一样的衣着装束，正面带笑容地站在他身旁介绍着情况。

作为浙江方面直接负责主席安全保卫工作的领导，在毛泽东在杭77天时间里，王芳一直陪伴在主席身边，既当警卫又当向导，亲眼见证了主席在领导起草宪法草案过程中的点点滴滴。

为此，王芳在晚年所著的一本回忆录中，专门记录了这个故事。在这个关于改名的故事中，王芳对毛泽东那次简朴而又喜庆的生日宴作了详细的回顾。

◎ 1954年，毛泽东视察钱塘江海塘江堤建设情况，右为王芳。（侯波 摄）

19 /

12月30日下午，游完西湖后回到刘庄，毛泽东依然兴致很高，所以这天晚上浙江省委以共迎元旦为由请他一起聚餐，他也十分爽快地答应了。

这已是毛泽东到杭州的第三天，为什么偏偏要安排在这一天请主席吃饭呢？如果单纯是为了庆祝元旦，那不是更应该安排在12月31日，或者是1954年的1月1日吗？

原来，这是浙江省委的精细安排。除了名义上的庆祝元旦，这次聚餐还有一层更重要的意思，就是为毛泽东祝寿。

前文已有提到，1953年12月26日，是毛泽东的60周岁大寿，那

第二章
集中精力办大事的地方

天他正好在赶来杭州的火车上，除了随行的工作人员特意为他做了一碗长寿面，其他就再没有任何庆贺的方式了。但是在中国人的传统观念中，六十大寿可是一个非常特殊、非常重要、非常有纪念意义的日子，哪怕是普通平民百姓，也都会尽己所能操办一个寿宴什么的庆祝一下，更何况是一国首脑，怎么能就这么悄无声息的算了呢？所以毛泽东身边的随行人员都觉得挺过意不去。

到了杭州住下后，毛泽东身边的一位同志就对前来负责保卫和服务工作的王芳说："毛泽东不愿人家向他祝寿，但我们得有个表示。"

得知毛泽东的生日就在火车上那么草草度过，王芳也觉得有点不合适。但主席既然都有明确表态不过生日了，又不好贸然行动。于是他便问："那我们该怎么办才好？"

"1954年元旦快到了，是否请浙江省委以庆祝元旦的名义，请主席吃饭，并以此向主席表示祝寿。"主席身边的同志提出了建议。

王芳立即把这一建议向谭启龙、李丰平等浙江省委主要领导进行了汇报，大家一致认为，这是一个好办法。

于是，就有了这样一桌简朴而又喜庆的生日宴。

20 /

宴席就摆在毛泽东住地的刘庄餐厅。当两鬓已经微微发白的毛泽东在众人的簇拥下走进餐厅的时候，菜肴已经摆上了桌面。除了一些杭州本地特色菜和红烧肉、炒辣椒等平时常用菜外，还特地摆上了花生、红枣和面条，意为庆祝华诞、祝愿长寿，可谓是双喜临门。

待毛泽东落座后，罗瑞卿、杨尚昆、汪东兴、谭启龙、李丰平、王芳等围绕着主席陆续坐了下来。晚餐在愉快的气氛中拉开帷幕，大家纷纷站起身来，轮流着向主席敬酒，主席也都高兴地一一作答。

其实平时毛泽东很少喝酒，但是这天晚上，他心情很好，酒也喝了不少，而且还对桌上的杭州菜表现出了浓厚的兴趣。

给主席祝过酒之后，浙江方面的同志开始跟北京来的其他随行人员相互敬酒，大家边吃边聊，气氛相当热烈。不知不觉间，颇有酒量的王芳已经喝下了一瓶多白酒，但却丝毫没有醉意。

宴请快要结束时，毛泽东的面前还有四杯白酒。显然他已经发现了王芳的酒量不小，就调侃道："这里还有四杯酒，不要浪费掉，我看还是请王厅长喝掉它。"

既然主席发话了，当然不能推辞。于是王芳鼓起勇气，把那四杯加起来至少有一两多的白酒又一口气喝了下去。

见王芳如此爽气，毛泽东高兴得大喊一声："好！"众人也纷纷竖起拇指夸赞王芳的酒量了得。

21 /

晚宴结束后，毛泽东的兴致依然很高。见主席没有立即离席，大家就继续围着主席闲聊起来。

罗瑞卿是新中国首任公安部部长，当时为了做好主席的安全保卫工作，他专程陪同主席从北京来到杭州。在聊天的过程中，罗瑞卿一时兴起，用手指着王芳说："王芳同志的名字应该改一改。一个山东大汉，名字怎么像女人似的？认识的人还好，不认识的还以为是个女同志！"

"行啊，我没问题，把草字头去掉，改成方方正正的方就行

第二章
集中精力办大事的地方

了。"王芳当即表示同意，但他又接着说道，"不过，我改名字要报上级批准的，因为国务院总理周恩来签署的浙江省公安厅厅长任命书上写着'王芳'，改名字当然不能随便，也得经过上级批准才行！"

这晚多喝了点酒的毛泽东情绪也挺高昂的，他红光满面地跟同志们谈笑风生，显得特别开心。当他听到罗瑞卿与王芳关于改名的对话后，也笑着伸出手来，指着王芳说道："你们同意，我不同意！"

听主席说不同意王芳改名，大家不免一愣。只听毛泽东继续说道："你老家山东绿化这么差，到处荒山秃岭，山上不长树，有的连草都不长。你王芳头上刚刚长了一棵草，就要除掉它，我不同意。什么时候山东绿化搞好了，你再改名字。"

主席的这一番话，说得大家开心地笑了。

因为毛泽东亲口表示不同意王芳改名字，从此以后就再没人拿他的名字说道了。"王芳"这个容易让人误解的名字就因此保留了下来。

第二章
集中精力办大事的地方

第七节　踏遍西湖群山之巅

　　这是一张洋溢着亲情与欢乐的珍贵历史照片，展出在"五四宪法"历史资料陈列馆复原陈列部分中值班室后面的墙上。这是毛泽东在杭州起草五四宪法草案期间，与女儿李讷在五云山上留下的合影。照片中，主席手持一根长长的竹竿，笑容满面地坐在五云山牌楼前小憩，面前的几案上，透明玻璃杯中的茶水似乎还冒着氤氲的热气。稚气未脱的李讷手里也握着两根细细的竹竿，她头戴呢帽、身着棉衣，开心地站在距离父亲不远的地方。如果说毛泽东手中的竹竿充当的是拐杖的角色，那么李讷手里的竹竿更像是小孩的玩具。透过这幅气氛和谐的照片，我们领略到了伟大领袖亲切、和蔼，充满家庭温情的另一面。

　　事实上，在杭州的那77天里，这样温馨的场面不止一次地出现在主席登览北高峰、玉皇山、五云山等杭州大小山峰的过程中。因为在那段时间里，毛泽东的足迹可谓是踏遍了西湖周边的群山之巅。

◎ 1954年毛泽东与女儿李讷在杭州五云山。（侯波 摄）

22 /

毛泽东不仅喜欢杭州的水，对西湖周边的群山也很有感情。在杭州期间，他几乎每天坚持爬山，曾兴致勃勃地爬过玉皇山、北高峰、南高峰、莫干山、吴山、孤山、钱江果园、五云山、天竺山、屏风山、栖霞岭、万松岭、狮子峰等，足迹踏遍了西湖附近的大小山峰。有的地方如五云山、玉皇山、北高峰等，甚至还反复去过多次，而且每一次去，都会有不同的收获。

不知是不是因为在浙江省委给主席安排的生日宴上多喝了点酒，那天晚上毛泽东睡得比平时都早。第二天，也就是1953年12月的最后一天，毛泽东破天荒早起了，而且精神还特别饱满。

于是，很少在上午外出活动的毛泽东，一大早便去爬了玉皇山。

第二章
集中精力办大事的地方

玉皇山是一座道教名山，地处西湖与钱塘江之间，因峰峦峻秀、竹树交翠，远望如巨龙盘卧，雄姿峻拔；风起云涌之时，立于山巅更可领略江天浩渺、湖山空阔之壮远境界，故史称"万山之祖"。

玉皇山的山顶有一座清代所建的福星观，里面供奉着玉皇大帝、王母娘娘、周武王、姜太公、哪吒等塑像，都是历史神话小说《封神演义》中的主要人物。毛泽东参观了福星观后，问身边的王芳："《封神演义》你看过没有？"

"在家读中学时看过。"王芳如实回答。

"那你知道殷纣王为什么会被周武王打败？"毛泽东继续问道。

王芳未加思索，便脱口说道："纣王宠信妲己，乱了朝政。"

"不对！"毛泽东纠正道，"纣王失败的主要原因，是在军事上采取分兵把守、消极防御的办法；而周武王用的是集中优势兵力、各个击破的办法。所以纣王败了，周武王胜了。"

毛泽东又说道："看来蒋介石没有看过《封神演义》，要么看了没有真正看懂。蒋介石搞的就是分兵防守的办法，我们用的就是集中优势兵力的办法，所以他被我们打败了！"

主席真不愧是博古通今，且善于触类旁通、为我所用啊。随便抓住一个话题，他便能给人以深刻的启迪。

再说那天在玉皇山上，听说午餐吃的是道观里的道士做的素斋饭，毛泽东很有兴趣。可是当菜端上来的时候，他看到的却是一道道的鸡啊、鱼啊、肉啊，不禁很纳闷："怎么是荤菜？不是说好吃素斋的吗？"

"主席，这是素斋，全都是用蔬菜做的，就是样子像鱼和鸡而已。"随行人员赶紧解释道。

"哦！"毛泽东恍然大悟，当即高兴地吃了起来。一边吃，一边还评价道:"我平生第一次吃这样的素斋。你们看,这素红烧肉、素鸡、素香肠,做得真像,味道也不错!"

吃完素斋下山后,毛泽东意犹未尽,于是他们又到了西湖,乘船来到湖心岛,绕岛转了一圈后,又登上了小瀛洲。

见岛上有一座十分独特的"三角亭",毛泽东好奇地说:"我还是第一次看到三角形的凉亭呐。"

23 /

一天下午,刚满26岁的警卫处处长伍一忽然接到了省公安厅厅长王芳的通知:"主席提出要去户外活动,爬爬山,我们俩陪主席去爬北高峰。"

当时的伍一才刚来警卫处报到没几天呢,就接到了这么重要的警卫任务,心里不免又兴奋、又紧张。能为敬爱的毛主席担任警卫工作,这么光荣的任务当然让人兴奋了,但这毕竟是他第一次为主席担任警卫,紧张也是在所难免的。

这天下午3时左右,他们从住地刘庄出发。警卫车在前面开道,毛泽东的车子跟在后面,沿着西湖向北一直走到灵隐路,然后往西行驶了一小会儿,便驶过灵隐寺,再直上韬光寺的石坡道,停在了北高峰的山脚下。

一下车,毛泽东和卫士就沿着窄窄的山道向上步行,王芳和伍一保持着高度警惕紧紧跟随其后。主席虽然个子高,腿又长,但是走起山路来却如履平地,连伍一这样的大小伙子跟在后面也并不觉得轻松。

他们穿过茂密的竹林,来到半山腰的开阔处。这时毛泽东看到前方的山道边正好横着一块平石,便走上前去坐下来歇息。

第二章
集中精力办大事的地方

趁着空档，王芳赶紧吩咐伍一："你先到山上去看看，茶水准备好了没有？"

伍一得令，正想往前走，抬头却望见毛泽东在前方的山道上迎面坐着。这里是北高峰上山的唯一通道，出于对主席的敬畏，他便想绕道避开。

伍一向山道的左侧走去，想从杂树丛中穿行过去，没想到拨开丛丛荆棘，前面竟是一道深幽的悬崖。无奈之下只好返身折回，又想从山道的右边绕行过去，可却发现右边是一堵高耸的峭壁，根本无路可走。这样来回折腾了两趟，最终伍一只好一脸窘迫地回到了王芳的身边。

"你干吗呢，怎么还没走？"见伍一手足无措地走来走去，王芳奇怪地问。

"没路呢！"伍一满脸无奈。

"这不是路吗？"王芳指着毛泽东面前的山道说。

"这，这……"伍一犹豫着。

王芳看了看伍一，似乎明白了什么，笑着说："别紧张，你就从主席面前走。"

没办法，伍一只好硬着头皮快步朝毛泽东坐着的那条山道走去，紧张得心里怦怦直跳，根本不敢抬眼正视近在咫尺的毛泽东，只想尽快从主席身边经过。

没想到刚走到主席跟前，毛泽东说话了："这是谁呀？没见过嘛！"

伍一赶忙收住脚，发现主席正微笑着望着自己，顿时全身血液沸腾，心跳得更加厉害了。他一时不知该怎么回答，只好用眼光向王芳求援。

"主席，这是刚刚调来的警卫处处长。"王芳介绍道。

"走这边多好，有路可走嘛！"毛泽东一边说着，一边将手中的烟蒂在山石上揿灭，然后站起身来。看来，刚才伍一那副东躲西藏的狼狈样，他全都看在眼里了。

见伍一还是不知所措地站在那里，毛泽东亲切地伸出了他那宽大的手掌，关切地问道："你叫什么名字？"

伍一见状，连忙用双手握住主席的手。还没等伍一开口，毛泽东已经把他的手心翻了过来，用手指划拉两下，十分慈祥地说："你看，都是汗！"

"报告主席，我叫伍一！"主席和蔼可亲的样子，顿时化解了伍一心头的紧张情绪，他挺了挺腰背，响亮地回答。

"噢？你这名字好哇，单字名，又好记又伟大，全世界人民每年都要为你开庆祝大会。"毛泽东风趣地说道，"很好，以后我就叫你'劳动节'喽！"

"报告主席，我这个'伍'，是'五'字前面加个单人旁……"

"对呀，你和伍修权是本家，都是革命队伍里的一员嘛！"毛泽东仰面大笑起来。

经过这段小小的插曲，伍一顿时感觉和主席间的距离拉近了。

不一会儿，他们来到了位于半山腰的韬光寺。进入寺院，毛泽东饶有兴致地四下观望起来。在最高处的丹涯宝洞前，有一座可以遥望钱江潮的观海亭，亭柱上有一副对联，引起了毛泽东的兴趣：

湖光塔影连三竺

海日江湖共一楼

"这是民主志士黄文中写的楹联。"认真阅读了此联后，毛泽东还给大家讲解了此联的含义。

第八节 "我喜欢喝龙井茶"

"五四宪法"历史资料陈列馆复原陈列的毛泽东办公室中,一只素洁的白瓷茶杯,和台灯、电话机、铅笔、砚台、火柴、烟灰缸等一起,静静地摆放在靠窗的办公桌上。这只茶杯的造型非常独特,盖钮是一个紧握的拳头,象征着广大人民群众欢庆革命胜利和团结一致建设一个新中国的坚定信念;手柄是镰刀和锤头的组合,象征着工农联盟是新政权的基础。因此这种茶杯有一个特殊的名字,叫作"政权杯",俗称"拳头杯",是新中国成立初期景德镇工艺大师为新政权的诞生而专门创作的。

毛泽东爱喝茶,尤其爱喝产自杭州西湖的龙井茶。

24 /

毛泽东喜欢杭州的山，喜欢杭州的水，也非常喜欢杭州的风物特产，譬如龙井茶，就深得他的钟爱。

1954年1月2日，毛泽东前往虎跑参观游览。穿过修篁碧翠的林间小道，毛泽东一行来到虎跑茶社落座小憩。趁着服务员上来泡茶的当口，王芳向毛泽东介绍说："用这里的虎跑泉水泡龙井茶喝，味道最好！"

听了王芳的介绍，毛泽东微笑着端起面前的茶杯，饶有兴致地一口接着一口，喝起了那澄澈透绿的茶水。在氤氲四溢的阵阵茶香中，他脸上的笑意不觉间荡漾开来。

◎ "五四宪法"历史资料陈列馆北山街馆区复原陈列——毛泽东办公室。

第二章
集中精力办大事的地方

"嗯,的确不错!"毛泽东对随行人员摆了摆手,"茶绿水甜味道好,你们也品尝一下。"

见主席招呼大家,随行的杨尚昆、叶子龙、汪东兴和警卫员便都坐了下来,每人喝了一杯用虎跑泉水泡制的龙井茶。那清甜甘冽的滋味引得众人一致叫好。

这一趟虎跑品茶,更增添了毛泽东对龙井茶的喜爱和兴趣。两天后的1月4日,他又专程前往西湖翁家山,参观了龙泉古井茶园。

龙泉古井俗称"外龙井",就位于翁家山村的村前。该井开凿于南宋初年,传说为南极仙翁点化,另有传说则是葛洪炼丹取水之处,因此也称"葛洪井"。这口古井用整块湖石雕凿而成,由于吊水绳索的长期摩擦,井圈内壁上留下了一道道沟壑,显示着古井的悠久历史。龙泉古井的井水甘甜清冽、终年不枯,堪称一绝。

龙泉古井背后那绿油油的茶山,便是大名鼎鼎的龙井茶产地——龙泉古井茶园了。漫步在绵延起伏的茶园中,毛泽东深深地呼吸着那融合了泥土和茶树清香的空气,脸上露出了舒心的笑容。

"主席,这里就是狮峰龙井茶的产地。"王芳对毛泽东说。

毛泽东回过头,面含笑意问道:"我喝的龙井茶就是这里生产的吗?"

"是的,都是这里生产的。"王芳详细地介绍起来,"我们专门跟茶厂订了合同,防止污染,保证质量……"

"不要让茶农吃亏。"听了王芳的介绍,毛泽东叮嘱道。

"不会的,省政府有给茶农适当的补贴。"王芳赶紧说明。

看完茶园,毛泽东又来到茶厂,参观制茶流水生产线。当他大步跨进车间大门时,厂里的所有员工都起立鼓掌,用最热烈的掌声欢迎主席的到来。

毛泽东径直走到制茶师傅们的跟前，伸出大手与他们一一握手。四周的村民群众闻讯，也都纷纷跑来看毛泽东，狭小的制茶车间顿时被围得水泄不通。

"毛主席万岁！"不知谁率先高呼了一声。顿时，"毛主席万岁！毛主席万岁！"的呼喊声响成了一片。

面对群众的热情高呼，毛泽东缓缓地举起了右手，高兴地向群众挥手致意。

从龙井茶园返回刘庄的途中，毛泽东还在兴趣盎然地谈论着龙井茶。他说："我喜欢喝龙井茶，茶绿，清香爽口。长江以北生产的茶都不如杭州龙井茶好喝。"

见主席论茶的兴致这么高，随行警卫员孙勇忍不住问道："主席，您喜欢喝浓茶。常看到你喝完茶，用两个手指夹起茶叶放进嘴里吃掉，好吃吗？"

"好吃啊。"毛泽东微笑着说："茶叶有营养，倒了很可惜。喝完茶后，叶子都泡开了，一片小芽吃到嘴里，有苦味，既好吃又清火。"

"你喝过龙井茶吗？"毛泽东问孙勇。

"只有跟主席来杭州才喝上龙井茶，平时都喝花茶。"孙勇答道。

机要秘书叶子龙在一旁听主席说茶叶这么好吃，也忍不住说："那以后我也要吃泡过的茶叶！"说得大家都会心地笑了起来。

见大家笑得这么开心，叶子龙又说："听王芳介绍杭州狮峰龙井茶好。一是土壤好，环境好，气候好；二是制作非常精细，清明节前采摘的小嫩叶茶，要经过几十道工序才能制成最好的龙井茶，产量非常少，所以名贵价高，市面上买不到真正的龙井茶。"

从那以后，毛泽东身边的秘书和警卫员们，也渐渐养成了喝

第二章
集中精力办大事的地方

完茶将泡过的茶叶吃掉的习惯。

25 /

1月5日下午,毛泽东游览了大名鼎鼎的灵隐寺和岳王庙。

灵隐寺又名云林寺,是一座名扬中外的佛教名寺,始建于东晋咸和元年(326年),历经南朝、五代吴越、宋代和清朝的数度开拓重建,其规模之宏伟已跃居"东南之冠",被誉为江南禅宗"五山"之一。

当毛泽东一行来到灵隐寺,寺内的长老已迎候在寺院的大门旁。向主席大致介绍了寺院的概况后,长老一边引导大家参观几个大殿,一边亲自为毛泽东讲解各个殿内的情况。

毛泽东认真地听完长老的讲解后,又仔细地观看了大殿和碑文。

"如今每天烧香的游人有多少?"毛泽东向长老询问。

"每天大约有七八千人进香,节假日更多些,可达万人。"长老回答。

从灵隐寺出来后,毛泽东一行又向近在咫尺的飞来峰走去。飞来峰又名灵鹫峰,是一座由石灰岩构成的小山,就坐落在面朝灵隐寺的山坡上。飞来峰上遍布五代以来的佛教石窟造像,数量多达340余尊,是我国江南极为罕见的古代石窟艺术瑰宝,堪与重庆大足石刻媲美。因此,每天到这里参观的游人也格外多。但奇怪的是,这天毛泽东却发现飞来峰上游人稀少,情况有点反常。

"这是怎么回事?"发现问题的毛泽东态度严肃地问随行的王芳。

原来,考虑到飞来峰地形比较复杂,为了保证毛泽东的安全,他们提前安排了限制游人的措施。了解这个情况后,毛泽东当即提出了批评:"这是公共游览场所,不能因为我来就限制群众参观，这样不好！"

王芳表示马上开放，毛泽东的脸色这才缓和下来。

游完灵隐寺和飞来峰，在回来的路上他们又顺道去了位于北山路西段北侧的岳王庙。这是一个历代纪念民族英雄岳飞的场所，始建于南宋嘉定十四年（公元1221年），明景泰年间曾改称"忠烈庙"，主要由墓区和庙区两部分组成。岳王庙虽经历元、明、清、民国时兴时废，但代代相传一直保存了下来。

"岳飞是民族英雄，保卫宋朝是有功的。"在岳庙参观的时候，毛泽东边看边给大家讲解，"岳飞有一首词叫《满江红》，写得很好，很有气魄，很有爱国主义思想。你们都应读一读、背一背。"

说着说着，毛泽东情不自禁地背诵起来：

怒发冲冠，凭栏处，潇潇雨歇。抬望眼，仰天长啸，壮怀激烈。三十功名尘与土，八千里路云和月。莫等闲，白了少年头，空悲切！

靖康耻，犹未雪；臣子恨，何时灭。驾长车，踏破贺兰山缺。壮志饥餐胡虏肉，笑谈渴饮匈奴血。待从头，收拾旧山河，朝天阙！

背诵完岳飞的《满江红·怒发冲冠》全词后，毛泽东意犹未尽地上前一步，认真阅读起了岳飞墓边石碑上镌刻的岳飞生平介绍。

看完介绍，他对大家说："有一出京戏叫《岳母刺字》，是讲岳母教育儿子要报效国家的。岳母在岳飞的背上刺了'精忠报国'四个字，情节很感人。"

走出岳王庙，沿着西湖北岸向东前行，毛泽东又来到了不远处的辛亥革命英雄人物秋瑾的墓地。

从湖面上吹来的风微微有些刺骨，毛泽东伟岸的身躯挺立在风中，神情肃穆地瞻仰和凭吊了这位女英雄的墓碑。他对身边的

第二章
集中精力办大事的地方

人说:"他们都是中国历史上的英雄人物,后人应当记住他们、怀念他们。"

26 /

1月7日,毛泽东去了莫干山。

元旦后的初春,虽然气候还比较寒冷,但这一天的阳光特别明媚,天朗气清,非常适合外出。

从刘庄出发,穿过杭城往北走,一路都比较顺畅。利用路上的这段时间,毛泽东给车上的同志们讲起了莫干山的历史:"莫干山是个名山。相传,这里是春秋时期吴国干将、莫邪的铸剑之处,因此得名'莫干山'。据说,山上有剑池、磨剑石、仙人坑、芦花荡等古迹,都与这个传说有联系……"

不知不觉间,车子已来到绿树葱茏的山脚下。毛泽东下了轿车,改乘当地安排的吉普车上山。那时候的莫干山,上山道路的状况还很差,唯一的盘山土路坑坑洼洼、高低不平,别说跑车了,就是步行都有点吃力。吉普车开了一段路,大家就不得不下车再步行一段路。如此上下几次,费了不少功夫才终于上到山顶。

在一处视野开阔的地方,毛泽东迎风站立,极目远眺,但见四周群山环绕,绿海连绵,山间的民宅、店铺尽收眼底。这时,莫干山景区的服务员前来服务,毛泽东亲切地与他们交谈起来。

"你们在山上生活如何?"

"这里住了多少人?"

"游客多不多?"

"这里的人都靠什么生活?"

……

如何提高人民群众的生活水平，是毛泽东最关心的一个问题。在宪法草案"公民的基本权利和义务"章节中，就专门将"中华人民共和国公民有劳动的权利。国家通过国民经济有计划的发展，逐步扩大劳动就业，改善劳动条件和工资待遇，以保证公民享受这种权利"列为一条。因此每到一处，毛泽东都会详细地询问了解当地群众的收入和生活状况。

面对主席细致而又关切的询问，管理人员一一作了回答。随后，毛泽东步下山巅，走向不远处的民居和店铺。群众认出是敬爱的毛主席来了，都激动万分地涌了出来，一边热烈鼓掌欢迎，一边忘情高呼"毛主席万岁！"

面对着热情高昂的群众，毛泽东亲切地与大家一一握手。

在景区负责人的引导下，毛泽东陆续参观了芦花荡、剑池、流泉等有代表性的景点。尔后便来到了一座小洋楼前。

"这是皇后饭店，是当年国民党统治时期建造的别墅山庄，现在人民政府已经把它改建成旅馆了。"随行的管理人员向主席介绍。

"我们把蒋介石赶到台湾去了，他们也来不了莫干山了，让人民群众享受一下吧！"毛泽东风趣地说道。

此时已临近中午，管理人员把毛泽东一行带到餐厅，说："我们为毛主席和中央的客人准备了午餐，多数菜是我们山上产的。请大家慢用。"

"谢谢你们，我们一起吃吧！"毛泽东打着手势，邀请管理人员一起入席，可这位管理人员哪里好意思跟主席坐在一块就餐呀，忙不迭地说："我和工作人员一块吃吧。"

"主席请你坐下，你就不要客气了。"警卫员上前把那位管理人员叫回了主桌，毛泽东还把他拉到自己身边，一边吃一边聊了起来。

午餐结束后,毛泽东在小洋楼里稍事休息,还仔细翻阅了《莫干山志》。然后又兴致勃勃地登上塔山和炮台山等主峰观赏山野风光。看到莫干山林涛竹海,遍山绿荫,植被相当茂密,不禁大加赞叹。

"莫干山应该成为全国绿化的典范。"毛泽东回头望着陪同来的王芳,打趣道:"王厅长,你老家山东的绿化有一半的地方搞得像莫干山这样,你的名字就可以改了。"

大约下午3点左右,毛泽东下山。临行前他还对莫干山景区的负责人说:"莫干山是个名山,是旅游避暑的好地方,你们要先把上山的路修好。"

第三章／起草『西湖稿』

第九节　运筹帷幄抓团结

这是一间简洁而又不失大气的会客室，就在"五四宪法"历史资料陈列馆西侧一楼平房的复原陈列中。会客厅中呈凹字形摆放着六张布面沙发，沙发的扶手和靠背上铺着洁白的镂空花边，沙发中间的地面上，铺着印有梅花图案的地毯。梅花，是毛泽东最喜爱的花卉。在会客厅西面的墙上，悬挂着两幅1953年出版的地图，一幅是《新世界地图》，一幅是《伟大祖国的政区》。在《伟大祖国的政区》右下角，可以清晰地看到我们所熟悉的"九段线"。在起草宪法草案初稿的两个多月时间里，毛泽东曾在这里多次接待过重要客人。

面对各种复杂的工作，毛泽东提倡要学会统筹兼顾，并形象地称之为"弹钢琴"。他说："弹钢琴要十个指头都动作，不能有的动，有的不动。但是，十个指头同时都按下去，那也不成调子。要产生好的音乐，十个指头的动作要有节奏，要互相配合。"毛泽东本人就是"弹钢琴"的高手，在杭州期间，他不仅带领大家开展宪法草案起草工作，还统筹兼顾地研究部署国家大事，深入开展调查研究。就在84号院30号楼的会客厅里，他曾专门安排时间会见苏联重要客人，运筹帷幄地抓好党的团结。

◎"五四宪法"历史资料陈列馆北山街馆区复原陈列——会客室。

27 /

在正式开始起草宪法之前,毛泽东不仅密集走访调研,频繁接触百姓,还日理万机,见缝插针地阅改文件、处理公务、研究工作、会见外宾……

1954年1月3日下午4时,毛泽东在北山街84号院30号楼的会客厅里会见了两位特殊的外宾——苏联部长会议副主席兼冶金工业部部长伊·费·捷沃西安和苏联驻华大使尤金院士。

捷沃西安一行是专程来中国参加鞍山钢铁厂扩建工程落成典礼的。作为新中国第一家恢复建设的大型钢铁联合企业,鞍山钢铁厂的建设在当时的中国乃至全世界的社会主义阵营中都具有非

第三章
起草"西湖稿"

同一般的重要意义。因此,即便是鞍钢的一个扩建工程,都能引发苏联的高度关注,专门派出捷沃西安这样的高规格领导前来出席落成典礼。可是赴东北参加这次活动的捷沃西安,为什么又会出现在千里之外的江南杭州,与毛泽东进行会晤呢?原来,捷沃西安在东北期间的活动,一直都是由刚从东北局调任中央人民政府国家计划委员会不久的一位负责人作陪的。在此期间,这位负责人不顾党内团结规定,利用接待苏联重要客人的机会贬低和攻击刘少奇、周恩来等中央领导同志,在国际共产主义力量面前不断抬高自己。消息传到毛泽东耳朵里,他非常震怒,当即指示秘书叶子龙,马上通知中办邀请正在北京的捷沃西安和苏联驻华大使尤金到杭州访问,他要亲自跟他们谈一谈,以正视听。

这天的北山街84号院内气氛十分和谐,当尤金和捷沃西安一行抵达时,毛泽东已在杨尚昆的陪同下,亲自来到门口迎接远道而来的贵客。

"欢迎,欢迎!"毛泽东伸出宽大有力的手掌,紧紧地握住捷沃西安的双手。他面带着慈祥的笑容,声音中充满了热情。

把客人请进会客厅落座后,毛泽东首先向他们介绍了中共党内和中国国内的一些情况。尤金向毛泽东宣读了苏共中央的一些重要声明。随即,师哲将尤金的话翻译给毛泽东听。当时,毛泽东听得十分仔细,并向尤金作了详细的询问,尤金一一作了回答。

说着说着,毛泽东的脸色开始凝重起来。

"我们党内,或许也是国内,要出乱子了。"毛泽东眯起了双眼,像是在思索,又像是在眺望远方,语气也变得十分严肃。

原本十分祥和的谈话气氛,骤然间有些紧张起来。捷沃西安和尤金面面相觑,都不知道发生了什么。

毛泽东哈哈一笑，说："我们这儿最近以来也出现了一些不健康的现象。这些现象虽然不是很普遍，但已经影响到中央委员会成员，因此不能掉以轻心。"

对此，尤金听得似懂非懂，不得要领，只是张着嘴呈现出不解的神态。于是，毛泽东继续说："中共党内出现了一些事例，某些人试图挑动一些政治局成员反对其他人；还有人企图将一些政治局成员的偶然失误说成是一贯如此，来诋毁这些同志。我们正在研究这些问题，也要及时处理，决不姑息养奸"。

说完，毛泽东用眼睛瞟了大家一眼，发现捷沃西安和尤金神情专注地听着自己的发言，却都没有插话，突然意识到两位客人可能一下子没能理解自己的意思。为了缓和一下气氛，他从口袋里掏出一盒香烟，抽出一支递给捷沃西安。

毛泽东又说："中国共产党的历史经验已经充分证明，党内从上到下的团结和凝聚力，是完成革命任务的关键因素。"

这次会谈持续了大约4个小时。当时的捷沃西安和尤金当然还不明白，这是毛泽东通过他们向苏共透露，中共要解决高岗的问题了。直到几个月后，在听了中共中央七届四中全会的情况通报后，他们才恍然大悟。

28 /

1月4日，毛泽东审阅修改了中共中央农村工作部部长邓子恢报送的关于老根据地干部情况的报告，以及他为中共中央转发该报告起草的批语稿。

在邓子恢的这份报告中，谈到了他回龙岩故乡途经长汀、瑞金、于都、赣州、吉安等老革命根据地时，感到比较普遍地存在

第三章
起草"西湖稿"

着对地方干部培养与提拔不够的问题。毛泽东对这份报告非常重视,除专门批示"刘、周、朱、陈、高、饶、安子文、小平、子恢、仲勋阅,尚昆办",还对报告和批语稿作了多处修改,将报告和批语稿中的"苏维埃时代"改为"第二次国内革命战争时代"或"内战时代",将"苏区""老苏区"分别修改为"根据地""老根据地"。

在邓子恢的报告中讲到干部地方化处,毛泽东专门加写了一段批语:"所谓干部地方化,当然不是说地方高级和中级领导机关都要用本地人,不能用外地人,相反是必须要用必要的外地人的,现在如此,将来还会如此。在农业机械化实施的时候,农村技术人员也是要用一些外地人的。我在这里说的主要是指目前县区干部的情况。"

在批语稿的末尾处,毛泽东又加了一句话:"此外,不但老根据地应这样做,一切晚解放区也应大体上这样做,也应用极大的注意力去培养和提拔地方干部。"

此时,在京主持工作的刘少奇根据毛泽东的指示,已牵头中共中央书记处起草完成了《关于增强党的团结的决议》的草案,并专程送达杭州。

1月5日下午,游完灵隐寺和岳庙的毛泽东一回到刘庄,便将杨尚昆、陈伯达、胡乔木和田家英召集起来,讨论研究《关于增强党的团结的决议》草案;次日从黄龙洞参观回来,毛泽东继续召集大家对这一决议草案进行修改。

"我们这个决议,着重要解决的是党的高级干部之间的团结问题,所以有必要在文中点明高级干部对我党事业的重要性,以突出这个决议的针对性……"

"决议中提到,我们正在进行的社会主义革命,是一个比新民主主义革命更深刻更广泛的革命。我认为,应该注明新民主主义革命的性质,以凸显社会主义改造的深远意义……"

"决议提出应当把维护和巩固党的团结作为指导自己言论和行动的标准,这是十分重要的,但我觉得还不够直观明朗,可以在后面再增加几句话,明确提出该说什么话、该做什么事的准则……"

讨论一直从下午四点进行到晚上七点半。经过大家的慎重研究,最终对这个增强党内团结的决议草案作了如下修改:

一是在原稿的"工人阶级是由党领导着的,党又是由它的中央委员会领导着的"之后,增加一句"党的中央委员会还紧紧地依靠着一批忠实的有能力的高级干部";二是将原稿中的"这是一个比新民主主义革命更深刻更广泛的革命",修改为"这是一个比反对帝国主义、封建主义和官僚资本主义的新民主主义革命更深刻更广泛的革命";三是将原稿中"因此应当把维护和巩固党的团结作为指导自己言论和行动的标准"后面的一段话,修改为"即有利于党的团结的话就说,不利于党的团结的话就不说,有利于党的团结的事就做,不利于党的团结的事就不做。"

"你明日就动身回京,把修改过的决议草案亲自拿给少奇同志,并建议召开中央全会。"当日晚上,毛泽东再次召集杨尚昆等人开会,决定杨尚昆次日返回北京。"我明日再给少奇并中共中央书记处的各同志写一封复函,你一并带给少奇同志。"

第三章
起草"西湖稿"

29 /

1月7日,毛泽东亲自起草了《关于建议召开七届四中全会问题给刘少奇等的信》,对召开中央全会及讨论通过关于增强党的团结的决议作出详细的部署。他在信中这样写道:

少奇同志,并书记处各同志:

信及决议草案收到。

决议草案已作了修改,使之有根据些和更明确些。参加修改的,有在这里的几位同志,林彪同志亦表示同意。

此决议似宜召开一次中央全会通过,以示慎重。中委大多数在京,不在京的是少数,召集甚易,加上若干负重要工作责任的同志参加会议。此议是否可行,请你们考虑。如召开全会,时间以在一月下旬为宜。议程可有三个:(一)批准三中全会以来中央政治局的工作;(二)决定于本年内召开党的全国代表会议讨论第一个五年计划纲要;(三)通过关于加强党的团结的决议。报告请刘少奇同志做,事先写好,有四五千字就够了。报告可分为三段:第一段,略叙抗美援朝、土地改革、镇反、恢复经济、过渡时期总路线及第一个五年计划第一年的成绩等事;第二段,为了讨论和通过第一个五年计划的纲要,有必要于本年内召开一次党的全国代表会议,并述代表已经选出,只待文件准备好,即可召开;第三段,将关于加强党的团结的决议草案的要点加以叙述,请求全会讨论和批准这个决议。此报告有三五天工夫即可写成,如时间许可,请用有线电发给我一看,如定于一月二十五日开会,则时间完全来得及。

余请尚昆同志面报。

写完此信,毛泽东略作思索,又提笔在信末补充了以下内容:

全会应发一简单公报，将三项议程公布就可以了，其他都可不公布。又及。关于第三个议程，应尽可能做到只作正面说明，不对任何同志展开批评。

第一封信装入信封后，毛泽东似乎觉得言犹未尽。他燃起一根烟，微蹙着眉头，一边抽着烟，一边在房间里踱起步来。

忽然，他回到办公桌前，摁灭香烟坐了下来。一张信笺又被摊在了桌上，毛泽东提笔在上面写道：

少奇同志：

如各同志同意开会，于你的报告稿宣读完毕后，似宜接着宣读你已有准备的自我批评稿，两稿各有一小时左右即够。自我批评稿宜扼要，有三四千字即可，内容宜适当，不可承认并非错误者为错误。如可能，请一并电告我一阅。

同时给刘少奇写两封复信，足见毛泽东对党内团结问题的高度重视和慎之又慎。因为涉及的是内部斗争，毛泽东起初一直抱着团结的愿望，所以要求在正式的决议里尽可能做到只作正面说明，不对任何同志展开批评。正是出于这一目的，经过考虑，他才又给刘少奇写了第二封信。

当晚，杨尚昆就带着毛泽东写给刘少奇的两封信和《关于增强党的团结的决议（草案）》的修改意见返回北京。

30 /

杨尚昆回京的次日凌晨3时，天色尚未亮起来，毛泽东便又致电刘少奇。

刘少奇同志：

杨尚昆同志于七日下午十时由此返京，九日可到，带有修改

第三章 起草"西湖稿"

了的决议草案及我的一封信。我在信中建议召开一次中央全会通过这个决议以示慎重,目前大多数中委在京,召开全会甚为容易,请待尚昆到后会商酌定。

刘少奇接到毛泽东的来电后,当即发回电报,向主席通报了近期中央的工作情况。他在电文中写道:

自您走后,此间情况如常,同志们是团结一致地工作。

军委会议要说话的人还多,最近几天还不能结束。政治局和书记处照常开会,讨论了科学院和检察署的工作以及其他的一些文件。朝鲜问题和中印关于西藏问题的谈判也讨论过。关于农业生产合作社的决议,根据华东局及其他若干同志提议,将"依靠贫农、巩固地团结中农,逐步发展互助合作,限制富农剥削以至消灭富农剥削"的口号,改为"依靠贫农和中农的巩固联盟,逐步发展互助合作,限制富农剥削",暂时不提消灭富农剥削。因为这样对于公开宣传较为有利。这个修改已经中央会议通过,决议和社论即日公开发表,另发一内部指示说明修改这个口号及其与总路线学习和宣传要点中关于这个口号的提法不完全一致的理由。

其余若干情况俟陈毅同志回华东时面报。

收到刘少奇的回电,得知同志们正团结一心地工作,中央的各项工作也正在有序推进,毛泽东的心头顿时踏实了不少。处理完这些事情后,他开始把精力集中到宪法起草工作中来了。

第三章 起草"西湖稿"

第十节 我们开始吧

在"五四宪法"历史资料陈列馆的复原陈列中,与会客厅连在一起的是一间宽敞明亮的会议室,这就是毛泽东当年跟大家一起讨论、研究宪法草案初稿的地方。室内的陈设基本复原了当年的旧貌,向参观者真实再现了毛泽东与宪法起草小组成员们工作的场面。

在会议室的墙上,马克思、恩格斯、列宁、斯大林的画像成一列悬挂;一张宽大的会议桌南北两侧,摆放着七张椅子,坐北朝南的三张椅子比较宽大,中间那张便是主席的座位;会议桌对面有四张椅子,是主席几位秘书的位置。陈放在会议桌上的,除了那造型和含义都非常特殊的"政权杯"外,还有产自德国的施德楼牌6B铅笔,这种铅笔的特点是笔芯软、颜色黑,书写流畅,字迹清晰,非常适合写大字,因此深得毛泽东喜欢。望着这些精心布置的陈列展览,主席当年在此研究起草宪法草案的情景仿佛在观众面前历历在目。

31 /

"我们开始吧。"1954年1月9日,在绿荫环绕的北山街84号院30号楼辅楼的平房内,毛泽东把陈伯达、胡乔木、田家英召集起来,宣布宪法起草小组的起草工作正式启动。

从这天起,毛泽东每天的生活和工作开始步入一种十分规律的程序之中。每天下午3时,他会坐上轿车从下榻之地刘庄一号楼出发,沿着寂静的西山路徐徐行至北山路,经过岳王庙,来到北山路84号大院。整个下午,他都会在这里办公,不是研读有关宪法的各种著作与资料,就是召集起草小组的几位同志商议修改。一直要工作到深夜,才回刘庄休息。有时候甚至通宵达旦,也属家常便饭。

◎"五四宪法"历史资料陈列馆北山街馆区复原陈列——会议室。

第三章
起草"西湖稿"

那段时间,大家都在全神贯注地进行着宪法草案的起草和反复的修改完善工作,只有陈伯达的情绪有些低落。因为他曾在1953年的年底根据主席的指示草拟过一份宪法草案的初稿,一向自视甚高的陈伯达对自己起草的稿子当然是自我感觉良好的,满以为从此会在中国宪法史上留下重要的一笔。

谁知,他的这份初稿主席并不满意,最终没有被采纳。所以,当他听说毛泽东要亲自带队赴杭州去起草宪法草案,不免心生失落。尤其是听说宪法起草小组除了他以外,还有胡乔木、田家英等人参加,内心就更郁闷了。这就是说,他的那份初稿不仅要做很大的改动,而且还会有别人来参加修改。

带着这种闷闷不乐的负面情绪来到杭州后,陈伯达开始把气撒在了田家英身上。在毛泽东召集的第一次起草小组会上,胡乔木对陈伯达起草的宪法草稿提了许多修改意见,陈伯达很不高兴。会后,他把气出到田家英头上,要求任何人未经他的许可,不得在主席面前议论他所起草的那个稿子,并且不许向主席说明个中原委。

为了维护团结,此后每次开会讨论之前,他都得先向陈伯达作一次汇报。这种状况直到罗瑞卿参与起草宪法的讨论之后才被打破。因为罗瑞卿的性格刚直,讨论的时候喜欢直截了当地提出自己的修改意见,陈伯达也根本管不了他。

对于陈伯达的这点小情绪,明察秋毫的毛泽东自然是看在眼里的。但对于这种并非原则性的问题,主席还是比较宽容的,他没有直接批评陈伯达,而是从另一个更高的角度提出了他的要求。他说:"我们社会主义的宪法,一要坚持人民民主的原则,二是坚持社会主义的原则,在具体条文上又要体现原则性和灵活性的原则。"

说完，他又进一步补充道："要简单、明了。"

陈伯达是何等敏感之人，听了主席提出的要求，心中立即明白，自己草拟的初稿是远没有达到主席的标准的。于是便闷头坐在一旁，不再说话。

高屋建瓴地提出宪法起草总体要求后，毛泽东便当着大家的面，开始一条一条地对陈伯达起草的初稿提出种种重大的修改意见，要求重写。陈伯达在一边听得闷闷不乐，却又不得不心服口服。实在憋不住了，他就对田家英自嘲道："我不行啦，要回家当小学教师啦！"

32 /

"宪法是一个国家的根本法，从党的主席到一般百姓都要按照它做。"毛泽东对身边的工作人员说，"将来我不当国家主席了，谁当也要按照它做，这个规矩要立好。"

为了使宪法起草工作高效、有序地顺利推进，宣布起草工作正式开始的第二天，毛泽东再次主持召开了起草小组会议，专门就制定宪法起草工作计划作出部署。

经过几天时间的反复讨论和完善，一份详尽的《宪法起草工作计划》终于在1月15日正式定稿。当天下午，这份工作计划便以电报的形式发给了在京的刘少奇等中央领导同志。

少奇同志并中央各同志：

宪法小组的宪法起草工作已于一月九日开始，计划如下：

（一）争取在一月三十一日完成宪法草案初稿，并随将此项初稿送中央各同志阅看。

第三章
起草"西湖稿"

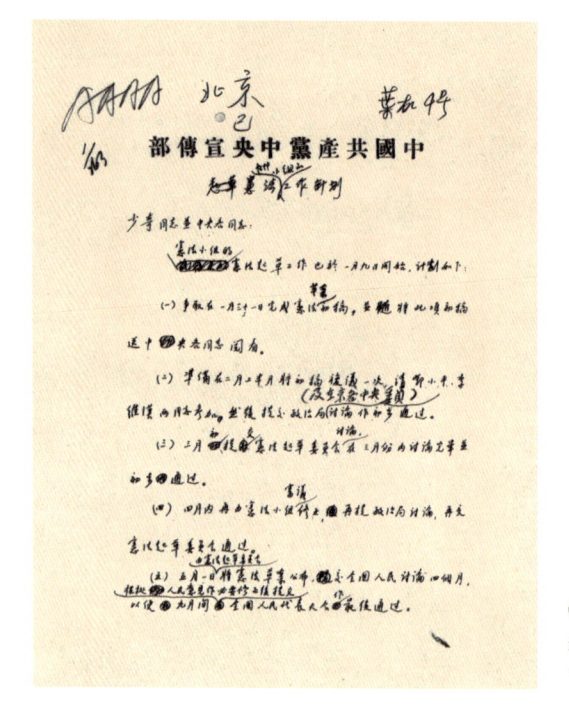

◎ 1954年1月15日,毛泽东关于宪法起草小组的工作计划给刘少奇同志并中央各同志电。

(二)准备在二月上半月将初稿复议一次,请邓小平、李维汉两同志参加。然后提交政治局(及在京各中央委员)讨论作初步通过。

(三)三月初提交宪法起草委员会讨论,在三月份内讨论完毕并初步通过。

(四)四月内再由宪法小组审议修正,再提政治局讨论,再交宪法起草委员会通过。

(五)五月一日由宪法起草委员会将宪法草案公布,交全国人民讨论四个月,以便九月间根据人民意见作必要修正后提交全国人民代表大会作最后通过。

为了在二月间政治局便于讨论计,望各政治局委员及在京各中央委员从现在(1954年1月15日)起即抽暇阅看下列各主要参考文件：

（一）一九三六年苏联宪法及斯大林报告（有单行本）；

（二）一九一八年苏俄宪法（见政府办公厅编宪法及选举法资料汇编一）；

（三）罗马尼亚、波兰、德国、捷克等国宪法（见人民出版社《人民民主国家宪法汇编》，该书所辑各国宪法大同小异，罗、波取其较新，德、捷取其较详并有特异之点，其余有时间亦可多看）；

（四）一九一三年天坛宪法草案，一九二三年曹锟宪法，一九四六年蒋介石宪法（见宪法选举法资料汇编三，可代表内阁制、联省自治制、总统独裁制三型）；

（五）法国一九四六年宪法（见宪法选举法资料汇编四，可代表较进步较完整的资产阶级内阁制宪法）。

有何意见望告。

毛泽东

一九五四年一月十五日

《宪法起草工作计划》包括了宪法起草工作的时间安排与进度、起草工作的基本程序和起草工作所依据的基本参考资料。从宪法起草工作的情况来看，基本上是按照这一计划进行的，只是比原计划延长了约1个月的时间。当时确定的起草工作基本程序是中共中央宪法起草小组先提出宪法草案（初稿），经中共中央政治局讨论并初步通过后，以中共中央的名义向宪法起草委员提出宪法草案（初稿）。宪法起草委员会审议和讨论后，经中央人民政府委员会通过并交全国人民讨论四个月，最后由全国人民代表大会通过。同时，该工作计划中列举的参考文件对了解1954年宪法的制定过程具有重要的参考价值。这份计划很快得到了中央的批准，

第三章
起草"西湖稿"

刘少奇于次日即回电毛泽东：

主席：

一月十五日电敬悉。此间同志同意主席所定宪法起草工作及讨论的计划。即将来电印发给在京各中委及候补中委，并要他们阅读所列参考文件。

刘少奇

一月十六日

宪法起草工作由此步入全面展开的轨道。与此同时，新中国成立以来中央最高层领导的第一次系统学法，也就此展开。这对新中国的法制建设具有十分重要的意义。

第十一节　博采众长的研究

步入"五四宪法"历史资料陈列馆的第二单元《毛泽东主持"西湖稿"起草》展厅，迎面可见展柜中展示着各国宪法的单行本。这些不同国家的宪法单行本，都是当年毛泽东为了使新中国的首部宪法制定得更加科学完善，而专门让工作人员收集起来的。

按照毛泽东的指示，宪法起草小组把这些资料带到杭州学习参考，当时就放在主席的办公室里以便随时取阅。如今在陈列馆复原陈列的主席办公室内，有一张长长的方桌，上面就按照当年的旧貌整整齐齐地叠放着苏联、罗马尼亚、法国、印度等各国的宪法单行本，以及《资本论》《马克思恩格斯全集》《列宁全集》《苏联宪法教程》《宪法及选举法资料汇编》等上百种资料书籍。在这里，当年毛泽东系统地阅读、研究、比较了中外各类宪法，他还亲自制定宪法起草工作计划，并且列出书单，让北京的同志也一起学习讨论，这就使得五四宪法的起草工作视野更加开阔，方法更加科学。

◎"五四宪法"历史资料陈列馆北山街馆区复原陈列——毛泽东办公室。

33 /

毛泽东不仅要求全体政治局委员及在京中央委员认真学习有关国家的宪法,包括新中国成立之前的"天坛宪草"、曹锟的"贿选宪法",自己更是身先士卒带头学习。

在他从北京来杭所携带的随身行李中,有两个格外沉重的箱子里,里面装着满满的书籍,内容大部分都是跟宪法相关的。这是毛泽东在临行前专门指示宪法起草委员会副秘书长田家英,以及秘书逄先知、林克等人为他找来的。

由于走得有些匆忙,毛泽东刚到杭州时,感觉手边的资料还不够全,便又陆续发电报从北京调来了一些他要看的外国宪法的

第三章 起草"西湖稿"

单行本。

毛泽东为什么要找这么多国家的宪法？很显然，他的主要目的，就是为了吸收各国宪法之所长，为我所用。

古为今用，洋为中用。通过学习借鉴中外经验，从别人的经历做法中获取自己所需的知识，这是毛泽东的一大工作风格。他一生酷爱读书，不管走到哪里，总是书不离身，手不释卷。

毛泽东读书勤奋是出了名的，可以毫不夸张地说，读书是他的一大"癖好"。他睡的床有一大特色，就是一边堆放着各种书籍，一边才是睡觉的地方。此外，在主席的办公桌、休息室甚至洗手间里，也都放着许多书。刚来杭州的时候，王芳还不太熟悉主席的读书习惯，见到处都堆放着书籍，便想动手替主席整理整理。没想到毛泽东看见后，当即制止道："别动！别动！书是要拿来读的，不是装潢门面的。有些人把书锁在书橱里，实际是不看的。我们要做工作，想抽出专门的时间读书是不多的。我到处放着书，有空的时候就可以随手拿来，读上一页一段，多方便啊！"

起草新中国宪法是一项全新的工作，同样离不开有效的学习和借鉴。他说："搞新中国宪法，参照别国宪法和中国历史上有过的宪法，这是完全必要的。"

所以到了杭州之后，毛泽东吩咐工作人员，在北山路84号院30号楼他的办公室内除了摆放书橱和书架之外，还专门放了一张特大号的会议桌，然后将那些从北京带来的有关宪法的各种书籍和资料，包括苏联等社会主义国家的宪法和一些资本主义国家宪法的译本，全都整整齐齐地码放在了几案上面，便于他随时翻阅查看。

这一番特殊的布置完成后，毛泽东开始专心致志地投入到博采众长的研究之中。他系统阅读和研究了世界各类宪法文本，阅读了大量有关宪法的资料和法学理论著作，其中既有中国的，也有外国的；既有社会主义国家的，也有资本主义国家的；既有进步的，也有落后的。他说："人家好的东西，结合中国国情，加以吸收；不好的甚至是反动的东西，也可以引为鉴戒。"

34 /

毛泽东对起草小组的同志们多次强调："我们的这部宪法，是属于社会主义类型的宪法。"

因此，在各国宪法中，他最关注的就是社会主义国家特别是苏联的宪法。因为新中国也是要建设社会主义的，自然要首先学习苏联的经验和做法。

在苏联宪法中，毛泽东又特别注意研究和借鉴1918年颁布的《俄罗斯社会主义联邦苏维埃共和国宪法（根本法）》和1936年颁布的《苏联宪法》。对这两部宪法，毛泽东研究过多遍，还认真参阅了斯大林关于苏联宪法草案的报告。同时，他还仔细阅读了匈牙利、罗马尼亚等其他一些东欧社会主义国家的宪法。

毛泽东勤奋读书，但绝不迷信书本。他一贯强调理论联系实际，学习的目的全在于应用。因此他读书时特别重视开动脑筋，思考问题。他常常用孟子的话"心之官则思"来提醒大家，大脑这个器官的作用是专门用来思考的，大脑是加工厂，凡事应该用脑筋好好想一想，多想出智慧，要去掉党内浓厚的盲目性，必须提倡思考，学会分析问题的方法，养成分析问题的习惯。因此，他经常会在书页中圈圈点点，旁注眉批，写下自己的阅读感受和观点评论。在那些被翻旧了的各国宪法单行本中，也留下了许多主席的墨迹，记录了他的阅读感想和思考。

在研读1918年《苏俄宪法》的过程中，毛泽东注意到这份宪法将列宁的《被剥削劳动人民权利宣言》放在了前面，作为宪法的第一篇。受此启发，毛泽东决定在新中国宪法总纲的前面也写一段序言。从此，"序言"这个形式成为中华人民共和国宪法的一个特点，一直保持到现在。

对于资本主义国家的宪法，毛泽东也作了比较研究。在详细阅读了法国、美国、印度等几个资本主义国家的宪法后，他认为1946年的《法国宪法》最有价值，因为它代表了比较进步、比较完整的资产阶级内阁制宪法。他说："讲到宪法，资产阶级是先行的，英国、法国、美国都有过资产阶级革命时期，他们就是在这个时期搞的宪法。对于资产阶级民主，我们不能一笔抹煞，说它在历史上没有地位。但是，现在资产阶级宪法是坏的，是欺骗人的。我们要搞的宪法是社会主义类型的，不同于资产阶级宪法。我们的宪法，要比资产阶级宪法进步得多，优越得多。"

毛泽东还重视对旧中国宪法的研究，对于从清朝末年以来的历次中国宪法，他是这样评价的："从清末的'十九信条'起，到民国元年的《中华民国临时约法》，到北洋军阀政府的几个宪法和宪法草案，到蒋介石反动政府的《中华民国训政时期约法》，一直到蒋介石的伪宪法。这里面有积极的，也有消极的。比如民国元年的《中华民国临时约法》，那个时期是一个比较好的东西；当然，是不完全的、有缺点的，是资产阶级性的，但它带有革命性、民主性。这个约法很简单，据说起草时也很仓促，从起草到通过只有一个月。其余的几个宪法和宪法草案，整个说来都是反动的。"

1911年11月3日发布的《十九信条》和孙中山任临时大总统时

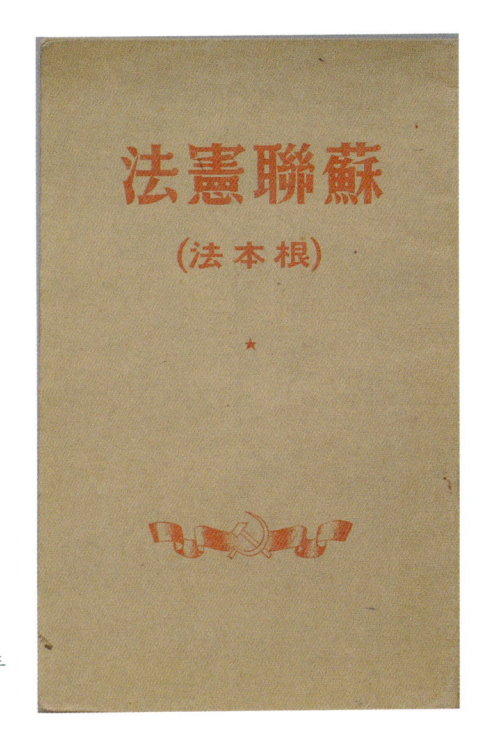

◎"五四宪法"历史资料陈列馆馆藏的1950年出版的《苏联宪法》。

期颁布的《中华民国临时约法》,有一个共同特点就是条文不多、文字简明。毛泽东很赞赏这一点,表示要吸收这个优点。他提出,我们的宪法也要简明扼要,搞一百条左右就行,而且文字要简单明确,不能有多种解释,更不能产生歧义。

35 /

毛泽东研究社会主义国家宪法,研究资本主义国家宪法,研究旧中国宪法,根本目的只有一个,就是要制定出具有中国特色的新宪法来。

"制定新中国的宪法,必须从现时中国的实际出发。任何国外的宪法也好,或者中国过去的历次宪法也好,都只能作为制定

第三章 起草"西湖稿"

新中国宪法的参考。"因此,毛泽东为起草宪法确定了简单明了的十二字指导方针——"以事实为根据,不能凭空臆造"。

那么当时宪法根据的事实是什么呢?就是中国人民已经取得了反对帝国主义、封建主义和官僚资本主义斗争的伟大胜利;已经建立并巩固起了工人阶级领导的、以工农联盟为基础的人民民主国家;已经确立起了社会主义经济的强有力的领导地位;已经开始有系统地进行社会主义改造、正一步一步地过渡到社会主义社会的事实。

这就是说,制定新中国宪法,最根本的就是要总结中国无产阶级领导的人民民主革命的经验,把人民革命的成果以根本法的形式固定下来;同时,还要着重总结新中国成立以来在社会改革、政权建设、经济建设和文化建设等各个方面的经验,反映新中国成立以来在社会关系和阶级关系上出现的重大变革,并且正在逐步向社会主义过渡的事实。从这些实际出发,这部新宪法必须体现人民民主原则和社会主义原则,因而其属性必须是一部社会主义类型的宪法。

在必须体现中国特点问题上,起草小组的意见是一致的,但在如何体现这些特点的方式方法上,最初大家却是有着不同意见的。比如关于宪法要不要搞纲领性的内容,起草小组的成员内部就有过不同的看法。

"纲领性的东西,说的是共产党的任务。那是将来的任务,目前宪法中不宜搞。"胡乔木就不主张搞纲领性的内容,他的依据是1936年斯大林曾经说过,宪法只能承认事实,而不能搞纲领。

但是起草小组内部也有另一种意见,就是赞成在宪法内加入纲领性的内容,认为这才符合中国的事实。

面对两种截然不同的意见，毛泽东的态度是：倾听不同意见，充分交换意见，目的是更好地体现中国特点。

经过深入的分析和探讨后，他最后选择了赞成后一种意见。他说："一般地说，法律是在事实之后，但在事实之前也有纲领性的。1918年苏维埃俄罗斯宪法就有纲领性的，后头1936年斯大林说，宪法只能承认事实，而不能搞纲领。我们起草宪法那个时候，乔木称赞斯大林，我不赞成，我就赞成列宁。我们这个宪法有两部分就是纲领性的，国家机构那些部分是事实，有些东西是将来的，比如'三大改造'之类，就是将来要搞的。"

同时，毛泽东再次强调了中国国情，要求对不合国情的内容大胆予以否定，在设立国家主席、少数民族区域自治国家机构的设置等方面，也都规定了不同于苏联的宪法内容。这些内容，都充分凸显了"五四宪法"的中国特点。

第十二节 "发展农业是我们的第一要务"

    在"五四宪法"历史资料陈列馆复原陈列最后部分的长廊墙上，展出了不少毛泽东在杭州主持起草宪法草案期间的活动场景照片，这些照片真实还原了毛泽东在杭期间的工作生活状态，展现了他深入基层、深入一线、深入群众的务实作风。其中有一幅照片，就是他在新登县松溪乡王家水碓村调研视察农业生产情况时拍摄的照片。

    在这张相片中，毛泽东还是一副我们非常熟悉的呢帽、大衣、中山装打扮。只见他双手插在裤口里，微微眯起双眼，昂首伫立在满是积雪的田塍上。毛泽东的身后，是一望无际的农田和依稀苍茫的雪原，田里的庄稼收割后留下的那一排排整齐的茎蒂，依然清晰可见。

    站在雪地中的毛泽东，既为银装素裹的大地美景所陶醉，更为农村合作生产带来的新气象而感到万分的欣慰。

◎ 1954年，毛泽东在杭州。（侯波 摄）

36 /

　　新中国成立之初，百废待兴，百业待举。尤其是农业生产的恢复和发展，直接关系到全国人民的温饱问题。为尽快发展农业生产，促进农业生产有新的高涨，中共中央于1953年12月16日正式通过了《关于发展农业生产合作社的决议》，指明了对农业逐步实现社会主义改造的路径。

　　旧中国的统治阶级腐败无能，搞得国民经济濒临崩溃，老百姓民不聊生，过着衣食无着的穷困生活。新中国成立后，如何实现共产党向人民许下的诺言，尽快改变中国一穷二白的落后面貌，使新中国尽快富强起来，真正屹立于世界民族之林，这是党和国

第三章
起草"西湖稿"

家领导人必须首先考虑的难题。

毛泽东在杭州起草宪法草案期间，正值中共中央《关于发展农业生产合作社的决议》刚刚作出不久，农村互助合作运动在全国迅速发展起来。毛泽东时刻关注着这一运动的发展情况，多次听取浙江省委负责人关于试办农业生产合作社的情况汇报。

当时的浙江和全国一样，几乎就是国民党遗留下来的一个烂摊子。浙江本来就是人多地少的省份，不仅农业生产基础条件差，耕作管理的方法比较落后，而且水灾、旱灾、风灾、虫灾等各种自然灾害也频繁发生，粮食产量一直都很低，全省农村有三分之一的时间都处于严重缺粮的状态，广大农民的生活十分艰难。

浙江的农业生产状况，可以说是集中反映了当时全国的农业现状，这对农村的稳定和新政权的巩固都构成了很大的问题。为此，毛泽东忧心忡忡。他反复对身边的人说："共产党打江山，就是为了让人民过上好日子。解放前浙江是个缺粮省，今天我们一定要尽快扭转这种局面，首先让老百姓吃饱穿暖。"

所以，《关于发展农业生产合作社的决议》出台以来，农村互助合作在浙江的发展状况到底如何？老百姓的生活究竟会不会因此发生什么变化？这是毛泽东最关心的问题。因此在多次找浙江省相关领导了解农业生产情况的同时，他还亲自深入农村开展调查研究。

毛泽东搞调查研究，作风特别深入。他不满足于听汇报、看材料，而是喜欢迈开双腿，深入基层，亲自跟老百姓进行面对面的交谈了解。他常说："别人吃过的馍不香。"所以每次听汇报，毛泽东总是要求汇报者不要按照事先准备好的稿子念。他会向汇报者提问，要求一问一答，问得具体，回答得也要具体。如果具体问题答不清楚,他就会批评:"领导干部一定要熟悉情况,多搞调查研究。我常说,没有调查就没有发言权。尤其是一把手,每年都要花几个月的时间到基层去搞调查研究,这样才能真正取得主动权。"

如果说制定宪法是立国之本,那么发展农业就是强国之基。这一次,为了掌握农村合作社的试点情况,毛泽东在起草宪法草案的百忙当中,又挤出时间深入到了农村的最基层。

37 /

1954年1月14日清晨6时左右,又在北山路84号工作了一个通宵的毛泽东似乎还一点没有睡意。望着窗外刚刚有些泛白的天色,他放下手中的笔纸,从桌前站起来,在屋内来回踱了几步,活动了一下身体,然后转身对警卫说:"走,去新登看看那里的农业合作社!"

此时天刚蒙蒙亮,人们都还在暖暖的被窝中沉睡着,而毛泽东却已在凛冽的寒风中登上了轿车。四辆黑色轿车鱼贯着驶过西湖西岸,朝着西南方向疾驰而去。

当车队来到距新登县城大约五公里的松溪乡时开始减速,一过松溪桥东,四辆轿车便在路边停了下来。身着大衣、头戴鸭舌式呢帽的毛泽东健步下车,沿着公路向新登县城方向走去。

当时的天气格外寒冷,路边的积水都结成了大片的薄冰,脚踩在路面的冰碴上,发出了咯吱咯吱的声响。毛泽东手持一根竹竿,大步流星地在前面稳稳走着。

一路上,毛泽东时而向陪同的随行人员了解农业合作化的情况,时而走到稻田边仔细观看。大约步行了三华里左右,一个小

第三章
起草"西湖稿"

小的自然村落在公路左侧出现,未待当地干部介绍,毛泽东便朝着这个村庄大步走去。王芳见状,赶紧掏出一只口罩,趋前几步赶到主席跟前请他戴上。

村里静悄悄的。毛泽东戴着口罩大步前行,边走边环视着这个小小的村庄。忽然,前方的村道上出现一位头发花白的老大娘,毛泽东立即走上前去,与她交谈起来。

"大娘,这是什么村子?"毛泽东和颜悦色地问道。

由于戴着口罩,老大娘并未认出眼前的就是伟大领袖毛主席。她告诉这位干部模样的陌生人,这里是王家水碓村。因为这个村的农户大多数都姓王,而且村旁还有一个舂米用的水碓,所以就叫"王家水碓村"。

毛泽东和这位大娘拉了一会儿家常后问道:"你们的村会计家在哪?"

"哦,关林家啊,喏,那就是。"老大娘伸手向不远处的一处农房指了指。

毛泽东微笑着向老大娘告别后,便朝着老大娘指点的方向径直走去。

王关林是个24岁的年轻人,因为有点文化,又积极上进,在村里是个骨干,担任村民兵连长兼农业社会计。他家背靠杭新公路,坐西向东,三室二厅,这在当时算是比较宽敞的,所以农业社的社部就设在他家。

当毛泽东在卫士长李银桥、秘书叶子龙、摄影师侯波、省公安厅厅长王芳和省警卫处的汪龙和等人的簇拥下走进王关林家的时候,王关林和他的母亲罗彩玉正好在家。见有客人进屋,母子俩连忙迎上前来。虽然毛泽东戴着大口罩,但他们一看客人的魁梧身材和不凡气度,便知道是个大干部。

母子俩将毛泽东一行七人迎至堂前,搬凳让坐。毛泽东在西首的长条凳上落座后,其他人员分坐两边。王关林的妻子端出茶水给来客一一倒好,便退出堂前。

王关林虽然是民兵连长兼村会计,还上省城开过几次会,算是个见过世面的人了,但此时面对这么多突如其来的大干部,仍不免感到紧张,一时有些手足无措。好在毛泽东亲切又和蔼的询问,很快化解了他的拘束。

"你们村有几户人家?多少田?"询问了王关林的姓名、年龄、家庭出身和生活情况后,毛泽东开始一问一答地了解起了村里的情况。

"一共有14户人家,88亩田。"王家林回答。"村里有没有地主富农?"毛泽东又问。

王关林摇了摇头:"没有地主富农,我们村都是贫下中农和中农。"

"村里有没有办农业合作社?"毛泽东开始切入正题。

"今年初,村里刚办了农业社。"

"合作社叫什么名字?"毛泽东饶有兴趣地问。

"叫新庄农业合作社。"

"像你们这样的合作社全县有几个?群众欢迎不欢迎?"

"全县有十几个,群众很欢迎的。"

"还是组织起来好!"毛泽东开心地笑了起来。知道村里已经组织起了农业合作社,他问得更多更详细了,"农户入社是不是自愿的?"

"农户入社是自愿的。"王关林说完,又补充道:"开始有的农户不愿参加,主要是几户中农,因为他们的农具较多,认为入社

第三章
起草"西湖稿"

他们肯定吃亏。"

毛泽东插言道："要按政策办事,不能歧视他们,要帮助他们。对耕牛和大型农具要处理好,折价要合理,使他感到入社对他们有好处,他们就会自愿参加。"

王关林继续说："我们是这样做的,实行土地入股分红,耕牛和大型农具折价入社,小型农具自带入社。秋收后,未参加的几户中农见我们收入有了增加,也自愿参加了农业社。"

接着,毛泽东又详细地询问了耕牛、大型农具的折价情况、归还时间及从何处支出,土地如何评产入股,如何参加分配以及如何记工算账等问题。在对新庄农业社制订的合理政策表示满意的同时,他又关心起了合作社的生产情况。

"合作社生产怎么样,水稻亩产有多少斤?"毛泽东问王关林。

王关林满脸喜悦地说："合作社成立后,社员的劲头很大,起早贪黑兴修水利,改地造田,生产很好。水稻好的亩产可达400斤。今年在农技部门的帮助下,开始试种连作稻,这样改单季为双季,产量还可以提高,估计亩产可达600斤。"

在详细询问了连作稻的种植时间与方法后,毛泽东说："好,这要好好地推广。"

交谈在轻松的氛围中进行着。听说王关林家来了大领导,越来越多的村民陆续聚集过来。不过因为戴着那只大口罩,大家自始至终都没有认出毛泽东。

王芳看看时间差不多了,村民又越聚越多,便轻声催促主席可以回去了。可是毛泽东显然意犹未尽,他干脆地说了句："不忙。"便又继续向大家问起了农业合作社的一些情况。

毛泽东就像久别的老农回到家乡,跟乡亲们在一起愉快交谈,彼此之间几乎没有什么距离感。当他从众人的口中听到了跟王关林差不多的回答,心里对农业合作社政策就更踏实了。

对农业社问题作了全面了解后,毛泽东又换了一个话题:"这个村里有人参军吗?有没有转业军人?"

"有一个参军、两个转业的。"王关林回答。

这时,转业军人王金土和社员王培林刚好来到王关林的家门口,王关林就指着王金土说:"他就是转业回来的。"

说话间,王金土已经来到了王关林家的堂前。毛泽东便询问起来:"你是哪年参军的?"

"解放前被国民党抓了壮丁,当了反动派的兵。在锦州战役后被俘,参加了解放军,还入了党。以后又参加了抗美援朝,今年春上复员回家。"王金土回答道。

一听说锦州战役,毛泽东顿时来了兴趣,他风趣地说道:"锦州战役我们摆的是口袋阵,专待你们进口袋,然后逐步收拢包围圈,把你们统统吃掉。"

毛泽东一边说着,还用双手做了围合的手势,问王金土:"是不是这样?"

"是的。"王金土点头道,"不过我在的那个营是负责运送粮草的,在锦州战役前就已经撤出了。"

毛泽东笑着说:"那次要不是你的腿长,跑得快,否则早就被抓牢了!"

一席话,顿时引得大家笑声一片。

毛泽东接着问王金土:"现在生活怎么样?"王金土说:"生

活蛮好,还造起了新房子。"

大约半个小时后,毛泽东起身告辞,离开王家水碓村,从小路返回松溪乘车回杭。一路上,他对随行人员说:"我们是个人口大国,发展农业是我们的第一要务。农业搞不好,国家工业化就是一句空话。"

少顷,他又说:"占人口80%以上的农民是不能脱离的,脱离了他们是永不翻身的。那种心中没有农民的倾向和恶习要坚决克服掉!"

毛泽东日理万机,无时无刻不在思考着国家建设的根本大计。亲自起草宪法草案如此,调研农村合作社同样是如此。正是通过对富阳新登王家水碓村的深入调研,更进一步坚定了主席要坚持大力发展农村合作社的决心,这也为"五四宪法"中有关生产资料所有制的有关规定提供了最可靠的实践依据。

在宪法草案中,合作社所有制(即劳动群众集体所有制)与国家所有制(全民所有制)、个体劳动者所有制、资本家所有制一起,被列为中华人民共和国的生产资料所有制主要形式之一。宪法草案同时还特别阐明了:"合作社经济是劳动群众集体所有制的社会主义经济,或者是劳动群众部分集体所有制的半社会主义经济。劳动群众部分集体所有制是组织个体农民、个体手工业者和其他个体劳动者走向劳动群众集体所有制的过渡形式。""国家保护合作社的财产,鼓励、指导和帮助合作社经济的发展,并且以发展生产合作社作为改造个体农业和个体手工业的主要道路。"并且规定:"国家依照法律保护农民的土地所有权和其他生产资料所有权。国家指导和帮助个体农民增加生产,并且鼓励他们根据自愿的原则组织生产合作、供销合作和信用合作。"

第十三节　字斟句酌的修改

这是一排令人震撼的展示墙，就布置在"五四宪法"历史资料陈列馆主题陈列的第二单元《毛泽东主持"西湖稿"起草》展厅内。墙上展示着一幅幅字迹熟悉的手稿，是毛泽东在杭主持起草宪法草案期间，杭州和北京两地往来的11件电报和信件的手稿，其中大部分都是毛泽东亲笔起草从杭州发往北京的。

这个展厅还有一个触摸屏，点击屏幕不仅可以翻看这些电报、信件的具体内容，还可以观看毛泽东对宪法草案修改条款的批语和相关释文。透过这些珍贵的历史资料，我们可以感受到主席对于宪法起草工作的高度重视和精益求精。

一帧又一帧泛黄的手稿上，那些龙飞凤舞的字体、那些涂涂改改的地方，仿佛都在无声地告诉观众：在"西湖稿"的起草过程中，每一章、每一节、每一条，毛泽东都亲自参加讨论，并对草案的每一部分内容都进行了反复的研究和论证，作了字斟句酌的修改和完善。

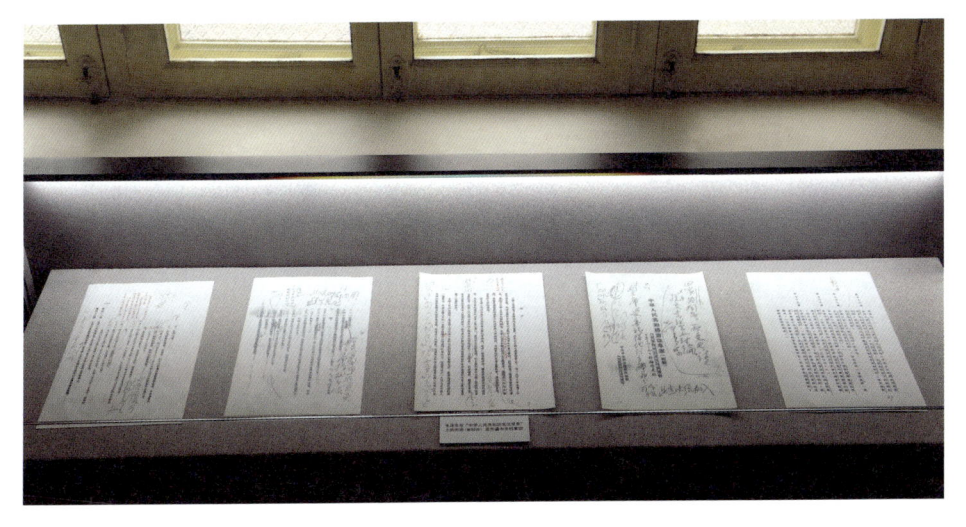

◎"五四宪法"历史资料陈列馆北山街馆区主题陈列——毛泽东批改宪法草案的手稿的展柜。

39 /

自1954年1月9日，宪法起草小组投入到紧张的起草工作之中起，毛泽东便夜以继日地工作，对起草宪法倾注了大量的心血。他多次召集起草小组的同志们开会讨论，共同探讨，集思广益，对宪法草案进行了字斟句酌的修改，并且批注了许多重要的意见。

为了不影响第二天的会议讨论，毛泽东常常连夜审稿改稿，工作起来总是通宵达旦。可以毫不夸张地说，对新中国第一部宪法的起草和定稿，毛泽东真可谓是宵衣旰食、呕心沥血。

在整个起草过程中，毛泽东不仅确定了宪法的总体方案和起草原则，而且对宪法的每一部分内容都作了深入细致的研究，亲自参与了宪法草案每一章、每一节、每一条的起草和修改。毛泽东在杭州领导宪法起草小组进行制宪活动的部分文献档案没有保留下来。目前已找到毛泽东在领导制宪过程中保留下来的16条批语如下：

第三章
起草"西湖稿"

国家主席的罢免

第三十条

第三十一条

第三十二条

(十)决定驻外全權代表之任免等宜。

(土)规定军衔、外交人員之衔級及其他專門名衔。

(当)授予勛章、獎章及国家榮譽稱號。

(当)在全国人民代表大會閉會期間,遇有敌国武裝侵犯或服行国际間軍事條約義務時,决定宣佈戰爭狀態及發佈動員令。

(崗)宣佈個別地區或全国戒嚴。

(崗)批准和廢除中華人民共和国所簽訂的国际條約。

(共)過有国防需要,或保障公共秩序和国家安全的需要,决定有国防需要,或保障公共秩序和国家安全的需要,决定宣佈個別地區或全国戒嚴。

全国人民代表大會主席團向全国人民代表大會負責並報告工作。

全国人民代表大會得能免主席團或議長、副議長、秘書長和個別委員。

全国人民代表大會得能免中央人民政府主席、副主席人員,但能免中央人民政府或能免国務院總理必須有全国人民

5

◎ 毛泽东批语手稿。

主席有无修改，如无即译回来照办
 毛泽东

三、國務院（第一次修正稿，附修正說明）

第三十七條 中華人民共和國國務院為中華人民共和國的中央人民政府，即國家最高管理機關。（一按本條係原三十七條上半，另加了「即國家最高管理機關」一句使國務院的性質明確。）

第三十八條 中華人民共和國國務院由國務院總理和副總理、國務院所屬各委員會主任和各部部長組成之。（一按本條係原三十七條下半。原「國家計劃委員會主席」改「國務院所屬各委員會主任」，以省列舉。原第三十八條改「國務院主席監督就職訓」。）

第三十九條 國務院對全國人民代表大會負責並報告工作；在全國人民代表大會休會期間，對全國人民代表大會執行委員會負責並報告工作。（一按本條在國務院下刪去原有「的全部工作」五字）

第四十條 國務院的職權如下：

（一）根據憲法、法律和全國人民代表大會執行委員會所頒佈的具有法律效力的決議和命令，規定施政的具體措施，領佈決議、命令和指示，並審查其執行；（一按本款原文係「根據憲法、國家法律及全國人民代表大會通過的國家政策的基本原則，……」又「並審查其執行」係新增。）

第三章
起草"西湖稿"

（1）"序言应有说明"。这条批语写在宪法草案油印打字稿第一章总纲的说明文字上方，是针对序言部分没有说明文字而写的。

（2）"此句好，宜采纳"。宪法草案油印打字稿第二条"说明"，在引用《共同纲领》第五十条原文后说，"现除删去'反对帝国主义和各民族内部的人民公敌'一语外，并将'使中华人民共和国成为各民族友爱合作的大家庭。反对大民族主义和狭隘民族主义'两句的意思，移到序言的第五段"。毛泽东这条批语是针对删去的一句而写的。

（3）"不甚妥？"宪法草案油印打字稿第五条"说明"中说："本条中所说的'资本家所有制'，包括富农在内"。毛泽东在"包括富农在内"旁划了竖线，并写了这条批语。

（4）"宜单列一条"。这条批语是针对宪法草案油印打字稿第十一条第二款而写的。第二款的原文是："任何个人的私有财产不得用以反对和损害公共利益。"在正式通过的"五四宪法"中，这一款已单列为宪法总纲第十四条，文字改为："国家禁止任何人利用私有财产破坏公共利益。"

（5）"什么是公民""举行内乱，推翻政府""包括严厉与非严厉"。这三条批语分别写在宪法草案油印打字稿第十六条及其"说明"的上方。第十六条规定："中华人民共和国维护人民民主制度，保护全体公民的安全和一切合法权益，镇压一切反革命活动，惩办一切勾结外国帝国主义、背叛祖国、危害人民、破坏人民民主制度和破坏国家建设事业的卖国贼和反革命分子。"毛泽东在其中"全体公民"旁划两条竖线，并在上方写有"什么是公民"五个字。又在其中"勾结外国帝国主义、背叛祖国"之后划一插入号，并在上方写有"举行内乱，推翻政府"八个字。这一条附有以下说明:"《共同纲领》该条中,原用有'严厉惩罚'数字,那是对'首要分子'说的,而本条现在的规定是指一切'卖国贼和反革命分子',故不用'严厉'二字,以使规定较为灵活。"毛泽东在这一"说明"上方写有"包括严厉与非严厉"八个字。

(6)"国家主席的罢免"。这条批语写在宪法草案油印打字的第一次修正稿关于全国人民代表大会行使罢免权的第三十二条的上方,修正稿没有罢免国家主席的内容。在正式通过的"五四宪法"中,对此增加了相应的内容,在第二十八条中规定全国人民代表大会有权罢免中华人民共和国主席、副主席。

(7)"主席有交议权,最高会议决议的性质"。这条批语写在宪法草案油印打字的第一次修正稿中"国务院"一节上方,修正稿没有提及国家主席的交议权和最高会议决议的性质。宪法草案(初稿)1954年3月18日、19日讨论稿,在说明中对有关这一内容的条款提出两个修改方案,一个方案是:"在必要时召集中华人民共和国副主席、国务院总理和其他有关人员举行最高国务会议";另一方案是:"在必要时召集有关人员举行最高国务会议"。毛泽东在前一个方案旁写了"较妥"二字。在正式通过的"五四宪法"第四十三条中,将有关这一内容规定为:"中华人民共和国主席在必要的时候召开最高国务会议,并担任最高国务会议主席。""最高国务会议由中华人民共和国副主席、全国人民代表大会常务委员会委员长、国务院总理和其他有关人员参加。""最高国务会议对于国家重大事务的意见,由中华人民共和国主席提交全国人民代表大会、全国人民代表大会常务委员会、国务院或者其他有关部门讨论并作出决定。"

(8)"需要"。宪法草案油印打字的第一次修正稿第五十八条所附的修正说明提出："民委提议，规定各民族自治区得组织本自治区的公安部队和民兵，需否可考虑。"毛泽东在这段文字上方批了"需要"二字。正式通过的"五四宪法"第七十条规定："自治区、自治州、自治县的自治机关依照国家的军事制度组织本地方的公安部队。"

（9）"较妥"。宪法草案油印打字的第一次修正稿第七十七条规定："国家保障公民的居住自由不受侵犯。公民的通讯秘密受法律的保护。"所附修正说明提出，"按此款另一方案为将'通讯秘密'改为'通讯自由'"，毛泽东在"通讯自由"旁划一竖线，并批了"较妥"二字。正式通过的五四宪法第九十条规定："中华人民共和国公民的住宅不受侵犯，通信秘密受法律的保护。"

（10）"此条似应移至总纲"。这条批语写在宪法草案初稿油印打字稿第五十八条上方，这一条的原文是："地方各级人民代表大会和地方各级人民政府在执行其任务时，应经常保持同人民群众的密切联系，广泛吸收人民群众参加和监督国家管理工作，不断地注意对脱离群众的官僚主义现象进行斗争。"在正式通过的"五四宪法"中，这一条已写入宪法总纲的第十七条，文字改为："一切国家机关必须依靠人民群众，经常保持同群众的密切联系，倾听群众的意见，接受群众的监督。"

（11）"不写为好"。宪法草案初稿油印打字稿第八十二条规定："中华人民共和国公民有言论、出版、集会、结社、游行、示威和信仰宗教的自由权利。"毛泽东在其中"游行、示威"旁划两条竖线，打一问号，并在上方写了这个批语。在正式通过的"五四宪法"中，仍然规定了公民有游行示威的自由。

（12）"田家英同志：一些意见，请提交党组会上讨论。毛泽东"。"副主席受委托得代行主席部分职权,此点必须加入,除'同时'外,所有的'时'均改为'的时候'。"

(13)"'土地改革'不成文,应加'制度的'。'镇压反革命'下加'分子'"。宪法草案(初稿)1954年3月18日、19日讨论修改稿序言第二段有一句话:"我国人民在过去几年内已经很有成效地进行了土地改革、抗美援朝、镇压反革命、完成经济恢复等项大规模的斗争",毛泽东将这句话中的"土地改革"改为"土地制度的改革",在"镇压反革命"后加了"分子"两字,并写了这条批语。

(14)"此处不写'发布'为宜,免与主席职权分歧。"宪法草案(初稿)1954年3月18日、19日讨论修改稿第三十六条关于全国人民代表大会常务委员会职权的第四款为:"通过和发布具有法律效力的决议和条例",毛泽东审阅时,删去了这一款中的"和发布"三字,并写了这条批语。在正式通过的"五四宪法"中,这一款改为"制定法令"。

(15)"此条应采纳周鲠生意见"。宪法草案(初稿)1954年3月18日、19日讨论修改稿第三十六条关于全国人民代表大会常务委员会的职权中加了第十一款"批准和废除同外国缔结的条约",毛泽东在这一款旁写了这个批语。周鲠生是当时宪法起草委员会聘请的法律顾问。在正式通过的"五四宪法"中,这一款改为"决定同各国缔结的条约的批准和废除"。

(16)"此项恢复可由副主席去办"。宪法草案(初稿)1954年3月18日、19日讨论修改稿第四十一条关于国家主席的职权中删去了原有的第三款"授予国家的勋章、奖章和荣誉称号",毛泽东在删去的这一款旁边批了这句话。在正式通过的"五四宪法"中保留了这一款的内容。

第三章
起草"西湖稿"

1-1

1-2

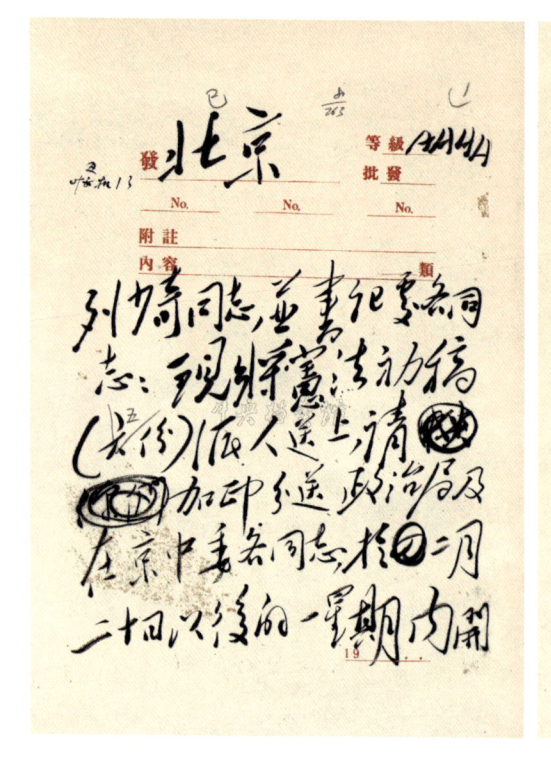

这些批语，有些是毛泽东在杭州作出的，有些是回到北京后作出的。如第12至16条就是毛泽东在北京作出的修改。

40 /

在毛泽东的亲自主持下，新中国宪法起草工作进展十分顺利。特别是宪法起草小组成员的"笔杆子"胡乔木、田家英等到杭州后，工作很积极。大家齐心协力，加班加点、夜以继日地工作，不到40天时间就拿出了草案的初稿。

1954年2月17日，《中华人民共和国宪法草案（初稿）》（一读

◎ 1954年2月17日，毛泽东给刘少奇的信。

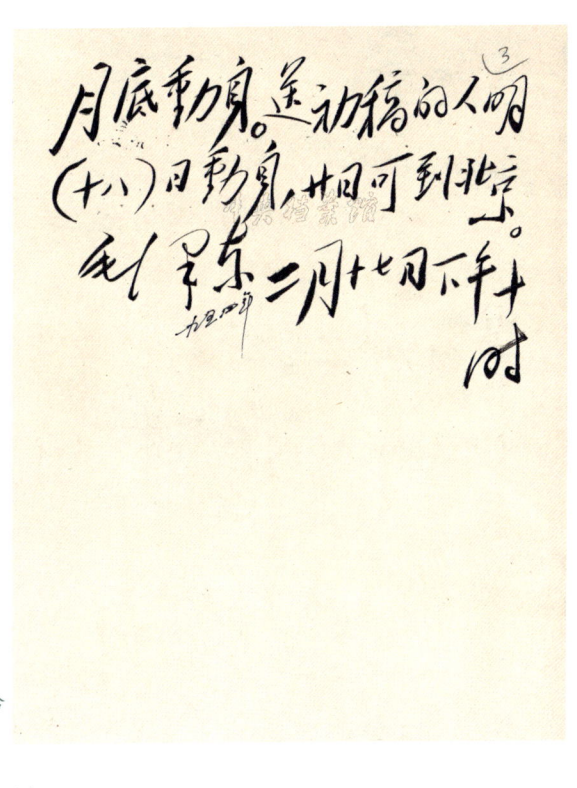

稿）形成。当晚10时，毛泽东亲笔给刘少奇和中央书记处同志写了一封信，并派机要人员张一平于次日将宪法初稿和信函急送北京。他在信中写道：

少奇同志：

　　派张一平同志送上宪法初稿五份，请查收处理。余详本日电陈。

　　敬礼

毛泽东
一九五四年二月十七日

同一天，毛泽东即按信中所说，给刘少奇和中央书记处各位

第三章 起草"西湖稿"

同志发去了一份更为详尽的电报,对宪法草案初稿的讨论修改作了安排。

刘少奇同志,并书记处各同志:

现将宪法初稿(五份)派人送上,请加印分送政治局及在京中委各同志,于二月二十日以后的一星期内开会讨论几次,将修改意见交小平、维汉二同志带来这里,再行讨论修改(约七天左右即够)。然后再交中央讨论,作初步决定(仍是初稿),即可提交宪法起草委员会讨论。因此,小平、维汉原定二十日动身来此的计划,可推迟到月底动身。送初稿的人明(十八)日动身,廿日可到北京。

毛泽东

一九五四年二月十七日下午十时

刘少奇收到信函电报和宪法初稿后,便于2月20日召集在京的中央委员开会,对宪法草案的初稿进行了讨论。讨论意见反馈到杭州后,起草小组对初稿进行了两次修改,分别拿出了"二读稿""三读稿"。

事实上,毛泽东在新中国首部宪法草案的起草过程中所作出的批注修改,远远不止上面所列举的内容。据1997年第一期《党的文献》杂志所刊载的作者为许虹、张威的《毛泽东与新中国第一部宪法的制定》一文显示:现存那一时期经毛泽东修改的稿子共有8个,其中主席亲手作出的文字批注修改共达151处之多。这些批语有的是对重要内容的增删,也有的是对一字一句的斟酌。

譬如在第二稿中,第32条是"全国人民代表大会有权罢免全国人民代表大会的执行委员或议长、副议长、秘书长和部分委员"。毛泽东在"秘书长"的后面划了一道插入号,在此页上方加了"副秘"二字。虽然只是添加了两个字，却使该条款变得更加完整。五四宪法定稿深化了毛泽东的意见，将此处修改为"全国人民代表大会有权罢免全国人民代表大会常务委员会的组成人员"。

又如第二稿第46条，毛泽东在国务院组成一条的旁边划了两道竖线，并且打了一个问号，并批注："组织法？"定稿根据毛泽东的意见，在国务院组成人员后加了一句"国务院的组织由法律规定"，明显突出了国务院组成人员的严肃性和法律的权威性。

2月24日凌晨2时，毛泽东致信刘少奇，提交"二读稿"，要求印发各同志阅看。与此同时，他还就宪法草案初稿修改事宜批示胡乔木，具体言明"今天所谈可作修改的地方，请于明日加以修改，并由小组各同志商酌一次，于明夜二十四点以前打好清样送我，准备后天（廿六）送给中央。"

41 /

2月26日凌晨2时，毛泽东再度致信刘少奇，提交"三读稿"，要求印发中央委员阅看。

宪法初稿起草小组在三读稿的说明中这样写道："这个修正稿因较二读稿已作了很多修改（主要是根据主席指示），故称三读稿。除内容上的若干修正外，这次修正根据主席指示，特别把许多可以避免应当避免的文言字句改掉，力求通俗。"

收到"三读稿"后，刘少奇于2月28日至3月1日，分两次主持召开中央政治局扩大会议，讨论并通过了这份"三读稿"。

就这样，宪法草案的讨论、修改工作在南北两地分头同时推进。在杭州，毛泽东主持起草小组一次次修改；在北京，刘少奇召集中央有关人员一次次讨论。北京方面讨论一次，意见发到杭州，杭州方面就修改一次，然后又将修改稿传回北京。如此京杭穿梭，反复推敲共同磋商，使宪法草案的初稿日臻完善。

与此同时，中共中央决定由董必武等同志组成研究小组，并聘请周鲠生、钱端升为法律顾问，聘请叶圣陶、吕叔湘为语文顾问，对"三读稿"进行了认真仔细的研究修改。

3月9日宪法起草小组写出"四读稿"，毛泽东回到北京后又进行了重点修改，一共修改15处，另有5处打了问号。如序言第二段中的一句话："我国人民在过去几年内已经很有成效地进行了土地改革、抗美援朝、镇压反革命、完成经济恢复等项大规模的斗争"，毛泽东将这句话中的"土地改革"改为"土地制度的改革"；在"镇压反革命"后加了"分子"两字，并批注："'土地改革'不成文，应加'制度的'。'镇压反革命'下加'分子'。"经过这样修改，逻辑更严密，文字也通畅了许多。

又如第36条关于全国人民代表大会常务委员会的职权中，原来的第四款为："通过和发布具有法律效力的决议和条例"。毛泽东在审阅过程中删掉了这一款中的"和发布"三字，并批注："此处不宜写'发布'为宜，免与主席职权分歧。"最后的五四宪法定稿中这一款修被改为："制定法令。"

再如第43条"主席因故临时离开职务时，由中华人民共和国副主席代行主席的部分职权"，毛泽东在"离开职务时"后划一插入号，加入了"或者受主席委托时"几个字。定稿根据这一意见修改为："中华人民共和国副主席协助主席工作，副主席受主席的委托，可以代行主席的部分职权。"修改后明确了程序，显得更为规范。

还有第78条的"凡是年满18周岁的中华人民共和国公民，不分民族、种族、职业、社会出身、宗教信仰、教育程度、财产状况和居住期限，都有选举权和被选举权。但是依照法律被剥夺政治权利或者有精神病的人除外。"毛泽东在"政治权利"后加一插入号，并在此页上方批注"？的人"。定稿改为："中华人民共和国年满18周岁的公民不分民族、种族、性别、职业、社会出身、宗教信仰、教育程度、财产状况、居住期限，都有选举权和被选举权。但是有精神病的人和依照法律被剥夺选举权和被选举权的人除外。"修改后使"政治权利"具体化，避免了空泛，更便于理解和操作。

经过反复多次的讨论修改和完善，3月9日宪法起草小组写出"四读稿"，意味着历时3个月的宪法草案起草小组工作结束，为中央政治局进一步讨论修改宪法草案，提供了较成熟的草案。

新中国第一部宪法，从此初具雏形。历时两个多月的起草过程，可谓是一场艰难的"大战役"，到后期，每个参与这项工作的人都很疲惫了。为了提神，毛泽东平时主要是靠抽烟，工作人员怕影响他的身体健康，就泡龙井茶给他喝。这一招还真管用，毛泽东茶喝多了，烟就少抽了一些。而且喝龙井茶确实能起到提神的效果，毛泽东还特别爱喝。

第四章 / 繁忙的工作，简朴的作风

第十四节　给杭州人民走出一条路来

在展示于"五四宪法"历史资料陈列馆复原陈列最后部分那道长廊墙上的众多照片中，不少都是毛泽东在西湖周边爬山或活动时留下的珍贵瞬间。用亲近自然、登高望远的方式来调节和放松身心，是毛泽东健康朴素生活状态最真实、最生动的写照。

其中有一幅照片是毛泽东在西湖边赏雪的时候拍摄的。照片中的他双脚踩在厚厚的积雪之中，双掌自然随意地合挽在胸前，面带微笑的脸上沐浴着雪后初霁的冬日暖阳，显得那样地轻松惬意。

没错，爬一爬山、览一览湖，就能让毛泽东高度紧绷的工作节奏暂时得到片刻的缓解。而一场难得的江南之雪，更是可以给他带来无比的愉快和身心的放松。

◎ 1954年初,毛泽东在西湖边赏雪。(侯波 摄)

42 /

在杭州主持起草宪法草案的这两个多月期间,毛泽东一直没有回过北京。中央的日常工作均由刘少奇在北京负责处理,他几乎每天晚上都会打电话给毛泽东,汇报当天的情况。每逢重大事项,就由李维汉或邓小平赶赴杭州,向毛泽东当面请示和汇报。

每天,机要部门还会送来大量的文件,请主席审阅和处理。因此,在党中央安排毛泽东到杭州"休养"的这段日子里,其实主席的工作一直都十分繁忙。尤其是在宪法草案的起草工作正式开展之后,他几乎是终日伏案,连星期日也很少休息,经常工作到深更半夜。

第四章
繁忙的工作，简朴的作风

可即便如此，毛泽东仍不忘在繁忙的工作之余，挤出一点一滴的时间，继续踏访西湖周边的山山水水，尽览杭州的美好湖山。因为这对他来说，就是最好的休息和放松方式了。

1954年的1月23日，在历经了数个寒冷的阴雨天气之后，杭州突然下起了一场纷纷扬扬的大雪。24日一大早，难得早醒的毛泽东就被窗外白皑皑的景色给吸引住了。他起身推开窗户朝外一看，但见眼前的西湖一片银装素裹，呈现出了一番与平时截然不同的风韵。

"下雪了！"毛泽东高兴得不得了。他特别喜欢雪，曾经以雪为题写过不少诗词，其中最脍炙人口的便是他创作于1936年2月的《沁园春·雪》。在这首词中，毛泽东用大气磅礴的笔触，生动描写了北国千里冰封、万里雪飘的壮美风光，并且借雪景抒情怀，通过纵论秦皇汉武等历史英雄人物，抒发了改造世界的伟大抱负和坚定情怀。

而眼前的江南雪景，苍茫中却不失特有的精致，分明又是另一种别样的景象。难怪乎古人有曰："晴湖不如雨湖，雨湖不如月湖，月湖不如雪湖。"这雪后初晴的西湖，景色果然非比寻常啊！

毛泽东兴奋地走出房间，来到湖边欣赏雪景。他背对着早已被积雪染白的苏堤，面带着微笑静静地凝眸远望。此时，紧跟在一边的摄影师侯波赶紧举起相机对准主席摁下快门，一张《毛泽东在杭州》的珍贵照片就此诞生。

毛泽东在湖边看了一会儿雪，决定再登上住所后面的小山头，眺望一下雪后的西湖全貌。他带着身边的工作人员，每人拿着一根小木棍，小心翼翼地登上山头，又驻足观望了许久，似乎仍觉意犹未尽。

也许只有这皑皑白雪,才能让日理万机的毛泽东暂时将手头的工作放一放。看完西湖雪景后,毛泽东又提出要去郊外再看看雪景。

去哪里合适呢?从地理位置上看,出刘庄去郊外,最便捷的线路就是走南山路、虎跑路,过九溪之后往富阳方向走。

车子沿着黑魆魆的钱塘江一路西行,翻过一道山梁后,众人顿觉眼前豁然开朗,一片银色的田野蓦地展现在眼前。

"停车!停车!"毛泽东赶紧下令。黑色的轿车嘎地一声在路边停了下来。大家纷纷戴上事先准备好的口罩,陆续下了车。

毛泽东身边的卫士见地上都是积雪,生怕路滑,下意识地伸出手来想搀扶主席。没想到毛泽东大手一挥,抬腿就往雪地里稳稳走去。可是没走几步,他就停下了脚步。

眼前的大地,早已被厚厚的积雪封平了,哪里是垄,哪里是畦,哪里是田埂,根本看不清楚。毛泽东站在一条田埂上,弯下腰从雪地里抓起了一把洁白的雪,放在手心里轻轻地拨弄着,好像要数一数掌心中到底有几片雪花。

卫士们见状,立即抢步来到主席前面,想在茫茫雪地中探出一条实路,好让主席再往前走。毛泽东轻轻地朝卫士们摆了摆手,意思是别再往前了。大家立即明白了主席的用意,他是怕踩坏了白毯一般洁净的雪被,怕惊扰了沉睡中的田野。

毛泽东站在田埂上,拉下了蒙在脸上的大口罩,静静地凝视着眼前洁白的大地,深深地呼吸着被皑皑白雪过滤了的新鲜空气。

那一刻,天地与人,仿佛全都融为了一体。

第四章
繁忙的工作，简朴的作风

43 /

　　1954年的2月份，是宪法草案起草的攻坚阶段，毛泽东与起草小组的同志们夜以继日、废寝忘食地工作着，实在太疲劳了，就抽出一两个小时，去西湖的周边走走，放松一下高度紧绷的身心。于是，龙井寺、灵隐寺、万松岭、南高峰、梅家坞……又都留下了毛泽东匆匆来去的身影。

　　到了3月，宪法草案的"三读稿"已经中央政治局扩大会议讨论通过，起草工作胜利在望，毛泽东脸上露出了轻松的微笑。3月2日，他决定安排半天时间，去好好爬一爬五云山。

　　这天陪同毛泽东一起去爬山的有华东局第三书记谭震林、公安部部长罗瑞卿以及柯庆施、谭启龙和张耀祠、伍一、侯波等人。

　　"你最近在看什么书啊？"在登山的路上，毛泽东问身边的摄影师侯波。这是主席外出时的一个习惯，他常常会和大家边走边聊天，顺便了解每个人的学习和生活情况，提出一些问题让大家来回答，然后再给大家天南海北、古今中外地讲一些带有趣味性的知识，来引发大家读书学习的兴趣。

　　"在看《红楼梦》。"侯波如实回答。

　　毛泽东又问："看得懂吗？"

　　"看故事呗！"侯波随口答道。

　　"要好好看。"毛泽东的脸色有些严肃，他顿了顿手中的竹竿，说："看三遍、五遍！"毛泽东不喜欢别人搀扶，登山的时候就拿着一根竹竿当拐杖，还笑称这是他的"第三条腿"。

　　"看三遍？我一遍还没看完呢。"侯波不好意思地挠了挠头。

　　"唉，要仔细看喽！那样的家庭，那些人，你们可没看到过，要看四五遍才有发言权呐！"毛泽东语重心长地说："《红楼梦》是一部社会政治小说，读懂它，就知道什么叫封建社会了。"

说着说着，毛泽东又给侯波讲起了《西游记》。他说："唐僧、孙悟空、猪八戒、沙和尚一块去西天取经，中途发生了矛盾，闹不团结，但经过互相帮助，最终战胜了妖魔鬼怪，到了西天，取回了经，成了佛。"说到这里，他忽然话锋一转，"我们革命不怕有不同意见，只要大家朝着一个目标，团结一致，目标就一定能达到！"

这话显然是有针对性的。可侯波当时的思路压根儿就没跟上主席的趟，她一边"嗯嗯嗯"地回应着主席，一边还在心里嘀咕：旧小说里还有这么些大道理，怪新鲜的。

说话间他们来到了半山腰，见一座亭子上有副对联，毛泽东便走上前去饶有兴致地看了起来。侯波得空，就在一边漫不经心地四下观望起来。突然，她看到有一片火光在山下闪耀，不禁失声惊叫起来："哎呀，着火啦！"

毛泽东闻声转过身来看了一眼，却不慌不忙继续前行。

南方农村的草房通常挺简陋，几根木架一搭，围上泥糊的竹篱笆，再盖上厚厚的稻草就成了。虽然大家都说这样的房子冬暖夏凉，但侯波觉得这其实只是穷人的穷办法。你想啊，草房一旦失火就麻烦了，根本没办法扑灭，所以就只能把家里值点钱的东西抢出来就算了，那房子就只好随它烧去了。可即便这样，烧了房子总是心疼的吧？怎么能一点也不急呢？

"不烧了，他就老住茅草房。"毛泽东说道。

"那烧了，他们住哪里呀？人家盖不起瓦房才住草房的呀！"侯波还在自己的思维逻辑里打转转。可是主席就好像没有听见似的，不再回答她的问题。

第四章
繁忙的工作，简朴的作风

毛泽东静静地望着山下的烟火，似乎陷入了沉思。好一会儿，他才自言自语道："唉，落了片白茫茫大地真干净！"

这不是《红楼梦》中的台词吗？侯波惊得睁大了眼睛，差点喊起来：这都什么时候了，主席竟然还在念《红楼梦》的台词！"唉，还是烧了好，烧了三年盖瓦房，不烧十年住草房，我看朝鲜也可坏事变好事！"

听主席这么一说，侯波顿时醒悟过来：原来，主席一拐弯又想到了停战不久，还是一片废墟的朝鲜去了！她不禁暗自感叹：主席的思维真是太深沉、太跳跃了，考虑的问题根本是常人始料不及的。

44 /

毛泽东习惯夜间工作，除了伏案修改宪法草案、批阅文件、阅读资料，就是开会和找人谈话，一般从半夜工作到天亮，不吃早饭就睡觉。中午起床后，就将午饭当作早饭，然后继续读书看报。为了让毛泽东从繁忙的工作中抽出身来活动活动，他的卫士和医生也总是想着法子鼓励他多到户外走走。因此到了后期，隔三岔五地在下午三四点左右放下手头的工作，走出办公室到户外去散步爬山，几乎成了毛泽东的一种习惯。

毛泽东外出爬山有个特点，要么不出去，要去就必须尽兴，而且还常常不走寻常路。有一次就因为不走寻常路而出了个意外，搞得大家十分紧张。

那天傍晚，天色已经黑暗了。罗瑞卿忽然接到刘庄工作人员打来的电话，说该到主席吃饭的时间了，可是主席还没有回来，问罗部长知不知道主席的去向。

"主席没在办公的地方吗？"罗瑞卿指的就是北山路84号大院内的30号楼。

"已经打电话去问过了，说是下午四点半就出去了，可到现在还没回来。"

罗瑞卿一听，有些急了，赶紧问杨尚昆，竟然也不知道主席去了哪里。两人急忙赶到刘庄，问工作人员到底是怎么回事，可是谁也说不清楚。

此时已是晚上七点多了，见主席还没回来，罗瑞卿和杨尚昆不禁担心起来：万一主席去了什么偏僻的地方，遇上意外怎么办？那时还没有随身携带的通讯工具，有什么事也没法联系上啊！

罗瑞卿和杨尚昆越想越着急，这样干等着可不行。两人一商量，估计了几个主席可能会去的地方，赶紧派出几路人马前去寻找，同时又打电话到几个公安执勤点查询。可是时间一分一秒地流逝，转眼已是夜晚八点多了，还没有毛泽东的任何音讯。

主席到底去了哪儿？会不会出什么问题啊？这可怎么办才好！罗瑞卿和杨尚昆就像热锅上的蚂蚁急得团团转。尤其是公安部部长罗瑞卿，这次跟随毛泽东来杭，就是为了直接做好主席的安全保卫工作，要是今天真有什么意外状况出现，这天大的责任谁能承担得了！

罗瑞卿越想越害怕，豆大的冷汗从脑门上冒了出来。他在公安机关向来以自身作风严谨、对下级要求严格闻名，对主席的安全保卫工作更是一丝不苟，哪怕是一丁点儿的差错，也是绝对不能容忍的。可万万没有想到，今天却遇上了这样的情况，这怎不叫人心急如焚呀！

就在罗瑞卿和杨尚昆"度秒如年"的时候，电话铃声响了。

第四章
繁忙的工作，简朴的作风

电话那头响起了主席随行人员的声音："主席在上天竺的浙江省公安干校附近，你们赶紧派人来接一下……"

原来，这天下午四点半左右，毛泽东从办公室走出来，对王芳说："老毛病又犯了，昨天晚上没有睡好觉。我们出去走一走。"

王芳看看天色已晚，心里飞快地盘算起来：这么晚了，去哪里合适呢？他知道主席的习惯是说走就走，丝毫不容迟疑的，因此还没走出院门，他就打定了主意：就去钱塘江附近的钱江果园看看，那里山坡不陡，地势比较平缓，距离也不算太远，去转一下再回来吃晚饭，应该来得及。而且正值早春三月，那里的梨花都开了，主席应该会喜欢。

于是，毛泽东乘车来到了钱江果园。

沿着果园西侧的山路，毛泽东健步登上北面的坡顶回身眺望，只见一树树雪白的梨花、一片片金黄的油菜和一畦畦长势喜人的小麦，像五彩的云霞铺满了大地。呼吸着弥漫在空气中的阵阵花香，毛泽东的脸上露出了开心的笑容。

毛泽东走路有个亘古不变的习惯，那就是从来不走回头路。所以大家就从山坡的西侧上坡，然后打算再从东侧的山坡下山。这样转一圈，六点钟就可以回到刘庄了。

"要回家？"毛泽东突然停住了脚步，笑着说，"还早啊！我们不累吧？继续往前走！"说完，便迈开大步朝狮子峰方向走去。大家一时没了辙，只好紧跟着主席的步伐快步往前走。

毛泽东走得很快，一直走到了狮子峰山顶，这才歇下脚来。这里刚好就是狮峰龙井茶的主产地，几千亩青葱翠绿的茶山在坡地上绵延起伏，在早春夕阳的映照下显得格外清新动人。毛泽东一边深深地呼吸，一边活动着胳膊，一副非常陶醉的样子。看着夕阳一点一点在天边沉下去，可主席仍然没有要动身回去的意思，而是朝着五云山方向走去。此时的太阳已经渐渐落山，大家都想劝主席赶紧回去，但知道劝了也是白劝，只好硬着头皮跟在后面。

五云山是附近一带最高的一座山峰，海拔有近400米。毛泽东站在山顶极目远望，但见天边余晖的映照下，滚滚的钱塘水滔滔东去，那景色壮美如画。于是，主席招呼大家在山顶的庙前拍照留念。

"太阳已经落山了，我们抓紧赶路吧！"王芳心急如焚，忍不住催促道。因为下午出来的时候，他完全没料到会在此耽搁这么长时间，所以没有跟家里交代过。现在晚餐时间已过，仍不见主席回家，大家肯定会着急的。

"不忙。"毛泽东却并不急着走，他点上一根烟，悠悠地吸着，眼睛继续凝望着暮色苍茫中的山峰，仿佛在思考着什么问题，或是在酝酿着一首诗词。

下五云山的时候，大家都已经感到了疲乏，可毛泽东仍然精神抖擞地大步往前走着。此时最让人担心的，还是路线的问题。因为过了五云山，就别无他路，只有唯一通往天竺山方向的山路了。那是一条处于荒山野岭之中的羊肠小道，路况十分差，如果不走回头路的话，就意味着必须在这崎岖不平的荒野山道上摸黑前进了。

果然，在漆黑的山道上前行了一阵子，山路就在没过头顶的丛生杂草间消失了。

而毛泽东却十分淡定地说："鲁迅说过，路是人走出来的，这里没有路，我们给杭州人民走出一条路来！"

前方艰难前行的道路，更激起了主席的挑战心。警卫人员赶紧

第四章
繁忙的工作，简朴的作风

上前，越过几道已被大水冲成了乱石堆的陡坡，继续给主席探路。

茂密的大树遮住了天空中仅剩的一点星光，漆黑的山道又陡又滑，毛泽东把双手搭在了王芳的肩上，大家凭着脚底的感觉，一步一步摸索着往下走。直到上了天竺山，地势才渐渐平坦起来，一条依稀可辨的小道也终于在荒草中显现出来。

此时，大家都已饥渴交迫、疲惫不堪，浑身的衣衫也都被汗水浸湿了。见主席在路旁的一块石头上坐下稍事休息，一个带着水壶的警卫员立即上前倒了杯水递给毛泽东。

警卫人员看了看地形，判断出浙江省公安干校就在附近，赶紧前去省公安干校打电话通知派人来接主席。正在万分焦急之中的罗瑞卿和杨尚昆接到消息，立即亲自赶到上天竺，把主席和大家接回住地，此时已是夜晚八点半了。

"失踪"四小时的主席终于平安回来了。长长地吁了一口气的罗瑞卿，当场就对叶子龙和王芳发作起来："你们连招呼都不打一下，就出去了这么久，实在太大意了！记住，对主席的安全，不能有半点疏忽！"

第十五节　三上北高峰

在"五四宪法"历史资料陈列馆复原陈列的值班室后面的墙上，一幅毛泽东率领众人登临北高峰的照片，带领我们穿越时空，仿佛回到了半个世纪之前的那个生动场景：

时值冬春交替之际，气候依旧寒冷，而漫山遍野的灌木和绿草已经开始恢复生机。在通向北高峰山顶蜿蜒崎岖的山道上，手持竹竿的毛泽东正在专心致志地登山前行。经过一段路途的攀登，此时的主席显然已渐入佳境，浑身开始微微冒汗。只见他将脱下的外套披在了肩上，双鬓的头发也微微地沾附在宽阔的额头两侧。可以想见，经过这一路的攀登，工作劳累了一宿的主席又恢复得元气满满。

没错，登山是毛泽东在杭州起草宪法草案期间放松身心的最佳方式。而北高峰又是毛泽东情有独钟的登高之地，他曾三次登临此山，并且留下了寓意深刻的诗篇。

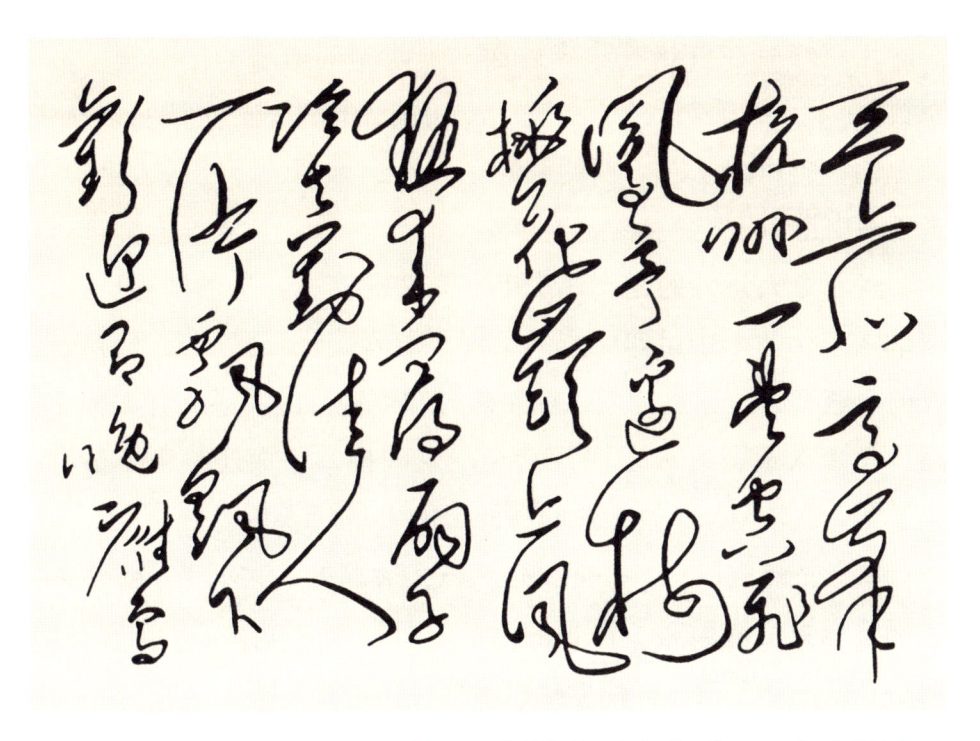

◎ 厉柏海创作的毛泽东《五律·看山》手稿铁艺画。

45 /

杭州周边的大小山峦众多，其中北高峰是特别受毛泽东青睐的一座山峰，他曾写过一首《五律·看山》的诗，说的就是登临北高峰的感受。

那是1955年3月的上中旬，"五四宪法"已经颁布实施的半年后，再次来到杭州的毛泽东，专门提出要去爬北高峰。

当时国内的阶级斗争还相当复杂，作为浙江省公安厅厅长的王芳，肩负着主席的安全保卫职责，自然是特别小心谨慎。那天听说主席要登北高峰，他立即派人对沿途的游人做好了疏散和布控工作。

第四章
繁忙的工作，简朴的作风

北高峰就在杭州灵隐寺后面，是西湖周边最高的一座山峰，海拔314米，绵延二十余里。登北高峰有不同的线路，既可以从正面上山，也可以从东、西两侧爬上去。通常情况下，游人上山多走正面山道。

然而令人意外的是，这次毛泽东登北高峰，选的却是从西面留下老东岳的上山道路，走的又不是寻常路。那是一条由石板铺成的山道，石阶非常陡峭，道路两旁却空荡荡的见不到什么树木。因为年代久远，有很多地方已经严重破损，路面还长满了杂草。很显然，这是一条平常少人问津的上山道路。

那天虽然空气有些闷热，但天气还算晴好。大家走了没多久，就都感觉身上微微起了汗。毛泽东手里拿着一把扇子，一边不时地扇着风，一边随手解开了衣领，敞开衣裳继续前行。

要按照平时的情形，毛泽东一定会利用这上山的机会给大家讲解北高峰的相关典故了，可是这天，他却沉着脸一声不吭，似乎挺不高兴的样子。

主席到底是怎么了？莫非是哪里工作又没做到位？

这时，王芳忽然想起了主席上一次登临北高峰的情景，自言自语道："咳，我又犯错误了！"

46 /

的确，这并不是毛泽东第一次登临北高峰。事实上，一年前他在杭州起草宪法草案期间，就已经爬过两次北高峰了。

1953年的年底，刚到杭州没多久的毛泽东，就在王芳和警卫处处长伍一等人的陪同下，来到了北高峰。

第一次登北高峰，走的当然是正面的上山道路。当时已是下午三点多光景，毛泽东带着女儿李敏等从灵隐寺后面登上石阶，经过上天竺一路向韬光寺而去。半道上，看到前面有一座天竺庙，孩子们觉得十分好奇，蹦蹦跳跳地跑了进去。

此时，毛泽东已热得出了一头汗，便站在路边擦起了汗。"那座庙里有很多人在抽签算命呢！"孩子们忽然跑了回来，满脸认真地对毛泽东说。

"这是一种迷信活动，等你们长大就见不到了。"毛泽东严肃地说。

一旁的警卫听了，心头不由得一紧。这种封建迷信活动，应该提前安排人将之取缔掉才对啊。现在被主席看到了，肯定得挨批评了。

"你们愿意的话，可以去试一试，若干年后，你们就体验不到了。"没想到，毛泽东不仅没有批评，反而用一种宽容的语气对着两个孩子这样说道。

看来，毛泽东的意思是，随着社会主义革命的深入开展，抽签算命这种封建迷信活动很快也会消失的，所以让孩子们作为生活体验去接触一下这种事物也是未尝不可的。

毛泽东第二次登北高峰，是在1954年的2月15日。这一次，他选择了从北高峰的东侧上山。

那天，汽车从玉泉凤来亭经过桃花岭上山，一直开到了灵隐寺东边围墙根的登山石级古道边停下。整个上山的过程相当顺利，没想到下山的时候，一件貌似并不起眼的小事，却惹得主席有些不快。

因为考虑到毛泽东不喜欢走回头路，所以警卫人员特意安排了另一条不同的下山路径，那就是从留下方向下山。

第四章
繁忙的工作，简朴的作风

此时天色已晚，正是农家点火做饭的时间。一路上，可以望见阵阵炊烟在山间升腾缭绕。但奇怪的是，当他们经过一户农舍的时候，这户路边的农家竟然大门紧闭，不见一个人影。

这是为了保证毛泽东的安全，事先安排好让群众回避的。但是，毛泽东外出的时候，又格外重视和群众的接触。如何处理好这两者的关系，还真是一件比较棘手的事情。但是像这样，本来就不是人员很嘈杂的地方，还让老百姓在烧饭做菜的时候关门回避，就显得太刻意了。

只见毛泽东闷声不响地走到农舍旁的几棵松杉树下，面无表情地停下了脚步。冬日的晚风从松杉高大茂密的树冠上阵阵吹过，发出清脆的沙沙声，大片枯黄的老叶随着风儿纷纷飘落。毛泽东站在积满了落叶的树下凝神沉思，像是在思索着什么问题。

忽然，一阵咯咯嘎的叫声在耳边响起，一只昂首挺胸的大公鸡从农舍的后面跳了出来。有趣的是，这只大公鸡见了生人不仅毫不害怕，甚至还大模大样地走向毛泽东。

见此情景，毛泽东的脸色蓦地转阴为晴，他笑着对随行的王芳说："厅长，厅长，你把群众管住了，却没有把大公鸡管住。是这只大公鸡不听你管，还是你管不住它？我们到这里，没有群众欢迎我们，还有大公鸡欢迎我们呢！"

这番风趣幽默的调侃，是在婉转地批评警卫工作脱离群众呢，看来，如何处理好确保绝对安全和接触群众之间的关系，还需要在工作中不断地努力和探索啊。

47 /

为什么这趟爬北高峰，毛泽东专门指定要从留下的老东岳上山？大家一直以为，主席只是不愿走回头路，既然第一次和第二次分别走了正面和东侧的上山之路，那这一趟当然是要走西侧的上山道路了。但是没有细想过，其实这条线路，上次下山的时候主席已经走过了。而这一次专门由此上山，除了要体验一种不同的走法之外，主席很可能是想看看，上次那种事先安排群众回避的做法，有没有得到纠正。

因为大家满脑子想着的，都是怎么确保主席的安全，而根据当时的形势和上级的指示，事先派人做了疏散和布控，所以这一路上，毛泽东根本见不到一个群众。

上山的路上，毛泽东破天荒地不吭一声，气氛也就这么一直紧张着，直到最终登完北高峰下山回住地，毛泽东始终没有开口批评大家。

一年后，毛泽东写了一首诗，这就是那首《五律·看山》。诗曰：

三上北高峰，杭州一望空。

飞凤亭边树，桃花岭上风。

热来寻扇子，冷去对佳人。

一片飘飘下，欢迎有晚鹰。

大家看了这首凝练生动、意境深远的新诗，都觉得毛泽东是在赞美杭州的风光。其实这首诗有着深刻含义。

从表面上看，毛泽东在诗中只是描写了他三次登临北高峰所看到的美好风景；但事实上，毛泽东是在用写诗的方式，对警卫工作中脱离群众的做法提出严肃批评呢。

诗中说的"三上北高峰，杭州一望空"，是指毛泽东三次登上北高峰，遥望杭州一座城，却看不到杭州的老百姓。在北高峰，他只看到了"飞凤亭"边的树，感受到了"桃花岭"上吹来的风。

第四章
繁忙的工作，简朴的作风

诗中的"飞凤亭"和"桃花岭"，其实就是毛泽东第二次上北高峰所途径的"凤来亭"和"桃源岭"。这两处地方，本来是人们来往休息的地方，但他却没有见到一个群众。

后面几句写得就更绝了。先写"热来寻扇子，冷去对佳人"，意思是冬去春来，杭州西湖更美了；随后立马笔锋一转，抛出了最关键的两句"一片飘飘下，欢迎有晚鹰"，写的就是毛泽东在大松杉下休息的时候，春风吹来，树叶落下，一片寂寥之中，在房门紧闭的农舍旁，只有一只大公鸡走出来欢迎他。

很显然，毛泽东触景生情，深深感受到一个领袖人物，一个党的领导干部，如果远离生活、脱离群众，不能和老百姓紧密联系在一起，那将是十分可悲的。

大家终于明白，主席在第三次上北高峰的时候，为什么一路上虽因见不到群众而十分不快，但却始终没有开口批评他。原来，主席是在酝酿构思这首《五律·看山》，想通过写诗的方式来婉转而又严肃地批评这种脱离群众的不良作风呢。

第四章
繁忙的工作，简朴的作风

第十六节　不搞特殊化

在"五四宪法"历史资料陈列馆的馆藏图书资料中，我们看到了两幅尚未在展厅中展出的老照片。这两幅照片，一幅是毛泽东与工作人员在刘庄的合影。照片中的主席身着淡灰色的过膝长大衣，面容慈祥地站在工作人员的中间，两旁每一位工作人员的脸上，都洋溢着发自内心的灿烂笑容；另一幅照片，是毛泽东在视察中国人民解放军驻浙江某部的时候，与官兵亲切交谈的合影。照片中的主席一边伸出右手紧紧握着战士的手，一边十分关切地询问着战士们的训练和生活情况。

从这两幅充满了时代感的历史照片中，我们可以真切地感受到毛泽东平易近人，与身边工作人员和普通百姓打成一片的优秀作风。在杭州起草宪法草案期间，毛泽东更是不断地用自己的一言一行教育身边人，要时刻牢记革命本色，绝不搞任何特殊化。

◎ 1960年,毛泽东在杭州丁家山同身边工作人员、地方工作人员及当地农民合影。前排左起:当地工作人员、王敬先、当地农民、护士周瑜宏、毛泽东、谢静宜、当地工作人员、张仙鹏;第二排,高智、孙勇;第三排,医生黄树则、林克、李银桥、罗光禄、当地警卫处长伍一。(侯波 摄)

48 /

毛泽东的心中时刻装着广大人民群众,一心想着人民群众的利益。对于党内一些干部那种高高在上、作威作福、官僚主义、脱离群众的作风,他特别深恶痛绝。他常说:"我们党和群众的关系,就是鱼水关系。脱离群众,就像鱼离开水,活不成了。我们领导干部和群众是平等的,不是高人一等,不能脱离群众,更不能欺压群众。这里有个立场问题,也有个感情问题。我们共产党人要时刻牢记,千万不要犯这个错误。"

因此,毛泽东不仅坚持深入群众,开展调查研究,而且还坚决反对搞特殊化,时刻要求跟群众打成一片。

第四章
繁忙的工作，简朴的作风

在杭州起草宪法草案期间，有一次因为工作强度太大，毛泽东又是一个晚上没有睡好觉。为了缓解身体的疲劳，第二天下午，他向警卫提出要去爬一下玉皇山。

爬山是毛泽东最爱的活动项目之一，也是他放松身心最好的休闲方式。这也许跟他在战争年代习惯了昼伏夜行与敌人周旋有关，反正只要一走在崎岖曲折的山道上，他的精神就会莫名地振奋起来。等爬山回来，出过一身汗后再好好地休息一下，满身的疲惫就会消失殆尽。

不过，毛泽东的警卫员却有着另一番担心。他们觉得主席已经一晚上没休息好了，爬山的时候可不能再运动量过大，让主席累着了。那时的玉皇山脚下倒是有可供出租的滑竿，是专门用来给上山游客乘坐用的。但问题是，按照主席的脾气，他是从来不肯坐轿的。这趟来杭，主席已经爬过了那么多次山，从来都没有坐过轿子。

既不能累着，又不能坐轿子，那该怎么办呢？警卫们私下里悄悄一商量，要么就从留下的驻军部队那里调两匹马来吧，万一主席爬到中途觉得累了，就可以让他骑马上山。如果说坐轿子容易让人联想到剥削阶级作威作福的样子，那骑马总没问题了吧？在战争年代主席可是经常骑马带兵作战的啊。

"这马是干什么的？"上山的时候，毛泽东见后面跟着两匹马，转头问警卫。

警卫人员赶紧上前说明用意，没想到主席听后很不高兴，说："我爬个山还要去部队调马，那像什么话？立即把马送回去！"

毛泽东登山既不骑马也不坐轿，这样一来，就形成了一道无形的规矩：中央的老同志来杭州登山，也从不坐轿。因为这件事，有关方面还专门请示过毛泽东,结果主席非常明确地说:"老同志爬山,轿子不要坐了。爬不动了,可以休息一下,慢慢爬。坐轿子上山,群众影响不好。"

49 /

1954年的春天如期而至,眼看着外面到处都是明媚的春光,而主席却在为即将完成的宪法草案没日没夜地伏案工作,警卫处处长伍一就和其他几位值班的同志商量,想请主席出去散散步。

"好哇,今天去看看农作物的生长。"听了大家的建议,毛泽东放下手中的铅笔,微笑着从办公桌前站了起来。

他们驱车来到了杭州市郊的花坞。正是夕阳西下的时分,大片的油菜花在金色的阳光下显得格外灿烂,仿佛为大地铺上了一块块黄灿灿的地毯,袅袅炊烟在远处渐渐升起,好一派宁静祥和的江南田园景色!

一下车,毛泽东就被眼前的美景陶醉了,只见他张开双臂,好像要将大自然忘情地拥揽入怀。

"'劳动节',你看,要是没有自然灾害,今年肯定又是一个丰收年啊!"毛泽东回过头,一边招呼着伍一,一边在田埂上迈开了步伐。

走着走着,前方忽然出现了一片竹林,一排低矮的房屋在竹林的掩映下隐约可见,那是浙江省军区的一座油库。

"这是什么地方?"毛泽东问伍一。

糟糕!伍一担心主席提出进去看看,赶紧解释道:"没啥,就是部队的营房。"

"走,去看看!"毛泽东果然大手一挥,还没等伍一反应过

第四章
繁忙的工作，简朴的作风

来，就已经大步流星地朝营房走去。

当毛泽东伟岸的身影突然出现在部队营区的时候，整个营房都沸腾了起来，激动和幸福的泪水在每一名战士的脸上奔涌而出，望着近在咫尺的伟大领袖，他们唯有用尽全力热烈鼓掌欢迎，才能表达心中的那份敬仰与爱戴之情。

毛泽东走进战士们的宿舍和学习室，跟大家一一握手，亲切地嘘寒问暖，了解战士们的学习、生活和训练情况，就像一位老兵又回到了战士的中间。

随后，毛泽东又来到部队伙房查看战士们的伙食情况，他握着炊事员的手，亲切地拉起了家常。而伍一则高度警觉地紧跟在主席的身旁，眼睛就像一副探照灯，锐利地四下扫了一遍。忽然，他看到了两把亮晃晃的菜刀正扎在案板上，全身顿时紧张得直冒冷汗，心也倏地一下提到了嗓子眼上，生怕有什么意外突然发生。

好在部队是个纪律严明的地方，战士们虽然都很激动很兴奋，但秩序却出奇的好。大家自觉地站在自己的位置上，接受着主席的视察和询问。毛泽东离开时，干部战士又整整齐齐地列队欢送。

"你这个'劳动节'，不要怕嘛，人家不是欢送你了嘛！"一出营门，毛泽东就点上一支烟，深深地吸了一口。然后用夹着香烟的手指点了点伍一，笑着说道。

不久后的一天，毛泽东又提出要去龙井走走。伍一心想，龙井一带可是居民比较密集的地方，人员情况相对复杂，跟上次的部队营房可不一样，得先做好准备工作。

于是，他赶紧吩咐作了一些布置，尽量减少主席接触群众的机会，以便做好保密与安全。谁知，毛泽东去龙井，就是想去接触群众、了解情况的，所以轿车刚在龙井村口停下，他就直奔农民家而去。

远远地，毛泽东看到前方的农户家门窗都关闭着，不禁有些纳闷。他转头问伍一："怎么啦，群众都下地干活去啦？"

"今天群众都到乡里开会去了。"原来，为了提前疏散群众，确保主席这趟龙井之行的安全，乡里故意安排了一个会议，把群众都召集走了。

毛泽东显然察觉到了什么，情绪顿时急转直下："不看喽，不看喽，我们回去！"

看到主席生气了，伍一顿时又紧张又尴尬，他觉得自己工作没做好，扫了主席的兴，但又不知该如何是好。

就在这窘迫万分之际，惊人相似的一幕突然出现了：大家转身才没走几步，身后忽然传来几声咯咯嘎的鸡叫声。一只不知打哪儿跑出来的大公鸡，精神抖擞地踩着四方步走了过来。毛泽东见状，也忍不住笑了起来。本来，他虽然很反对这种脱离群众的做法，但也能体谅警卫人员的良苦用心。现在被这只神气活现的大公鸡这么一逗，心中的那点不快也就化解了。

50 /

毛泽东不仅自己不搞特殊化，而且还时刻不忘教育身边的同志，教育他们要不忘劳苦大众，永葆革命本色。

那次，毛泽东想找个环境清静一点的地方散散步，王芳就提议去云栖竹径走走。

云栖位于五云山南麓，是一个竹木繁茂、环境清幽的小山坞。早在清代雍正时期，"云栖梵径"就已被列入当时的"西湖十八景"。这里漫山翠竹，满目古树，一条小径蜿蜒深入，潺潺清溪依

第四章
繁忙的工作，简朴的作风

径而下，娇婉动听的鸟声在林间婉转萦回，空气格外凉爽清新，可谓是放松身心的绝佳去处。

主席一行在梅灵路下车，沿着这条静谧的小径一路向着云栖深处慢慢走去。

毛泽东走路有个显著的特点，就是昂首挺胸，目视前方，大步前行，从来不看脚下的路面。不管面前的道路多么坑洼不平、杂乱肮脏，他都目不斜视，只管大步往前走。

当时的云栖小径路况还比较差，道路杂草丛生、高低不平不说，而且还不时会有一些坑洼积水。附近的农民又经常从这里赶着牲畜经过，路上有时还会有牲口的粪便。

望着满目的苍翠修篁，听着清脆的叮咚溪流，毛泽东心情很好。他一边做着深呼吸，一边大踏步向竹林深处前行。

忽然，王芳看到不远处的路面上，果然有一堆动物的粪便，他生怕主席只管抬头走路，不小心踩到了粪便，就赶紧提醒道："主席，当心前面有粪便。"

毛泽东闻言停下脚步，笑着说："你大概不是贫下中农吧？"

"我是中农。"王芳不知毛泽东的用意，只好如实相告。"你过去没有干过农活吧？"毛泽东又问道。

王芳似乎突然明白了主席的意思，就解释道："小时候在地里干过轻便活，重活确实没干过……"

"怪不得你害怕大粪。"毛泽东微笑着说，"农民看到了就会把它捡起来，拿回去当肥料，给庄稼施肥时还要用手抓大粪。在路上看到大粪有什么好害怕的？"

毛泽东就好像是在讲一件平常小事一样，风轻云淡地讲着农民最普通的生活生产习惯，听上去仿佛是在跟大家开着玩笑一样。

但是王芳的内心却受到了深深的触动,通过这件小事,他体会到了主席的意味深长,感受到了主席始终不忘本色,把自己当作人民群众普通一员的高尚情操。

有一次毛泽东在杭州登五云山。上山之前,随行人员发现又没带拐杖,有人就到附近的农家去砍了一根竹子来。毛泽东拄着这根散发着清新竹香的"拐杖",忽然问道:"这根竹子有没有付钱?"

"老乡本来是不收钱的,但我们还是坚持付了。"工作人员赶紧回答。

毛泽东闻言,满意地点了点头,赞扬工作人员做得对。

上山途中,毛泽东手握这个竹杖健步如飞,还跟大家开玩笑说:"你们也要弄根拐杖嘛,三条腿上山比两条腿稳当呢!"

上到山顶,毛泽东找了个地方坐下休息。他看着手中这根竹竿,特意嘱咐工作人员:"这根拐杖不要弄丢了,带回北京去!"后来,这根竹棍就真的被带回了北京。工作人员还特地在竹棍着地的一端绑上一块蓝色的橡胶,这样使用起来更加防滑,也降低了着地的噪音。此后,毛泽东就一直使用这根天然而成的"竹拐杖"了。

第四章
繁忙的工作，简朴的作风

第十七节　在周边视察调研

毛泽东有一句影响深远的至理名言："没有调查，就没有发言权。"他一生对调查研究都极其重视，认为"调查研究极为重要"，并且率先垂范，在极其繁重的革命和建设工作中，亲自开展或组织过无数次深入细致的调查研究。

这张照片拍摄于1954年的3月，毛泽东在时任中共浙江省委书记谭启龙等人陪同下，来到绍兴东湖调研。在休息时，毛泽东坐在一张八仙桌旁。尽管这张照片没有展出在"五四宪法"历史资料陈列馆的展厅之中，但照片上的生动画面，以及画面背后所记录的故事，却真实地反映了毛泽东在杭期间，尤其是宪法草案的起草工作接近尾声之际，专门安排时间赴杭州附近的绍兴东湖开展调研视察活动的情况。

◎ 1954年3月,毛泽东与时任浙江省委书记谭启龙在绍兴东湖。(侯波 摄)

51 /

在杭州起草宪法草案初稿期间,尽管工作十分紧张和繁忙,但毛泽东仍不忘挤出时间,就他所关心的一些事关国计民生的大事,到杭州的周边地区进行视察和调研。其中,浙江的水利建设和农村农业工作,就是他最关注的两大重点。

1954年3月10日,宪法草案起草工作已经完成,毛泽东终于可以腾出一点时间和精力,再去视察一下他一直非常惦记的钱塘江海塘建设情况了。

钱塘江又名之江,是吴越文化的重要发源地之一,被誉为浙江的"母亲河"。虽然从全国来看,钱塘江算不上是大江大河,但

第四章
繁忙的工作，简朴的作风

这条发源于浙江开化县莲花尖和安徽休宁县怀玉山脉主峰六股尖的江河，却流经了半个浙江，是浙江境内最大的河流。每年的农历八月十八，在天体引力和地球自转的离心作用下，钱塘江的入海口都会因为其独特的喇叭口地形和巨大的拦门沙坎，而形成极为壮观的特大潮涌。这就是被誉为"天下第一潮"的一大世界自然奇观——钱江潮。

毛泽东关心钱塘江，不仅因为它有闻名中外的钱江潮，更因为分布于大江南北两岸的钱塘江海塘，还是浙江最重要的水利工程，关系着千千万万人民群众的生产生活安全。钱江海塘始筑于秦朝，是我国古代伟大的水利工程之一。然而，由于近代以来的积贫积弱，至1949年杭州解放时，钱塘江干流留存的防洪设施较少，仅建德、富阳、桐庐县县治所在地和杭州市区筑有部分堤坝。可是这些堤防陈旧破败，两岸农田经常遭受洪涝灾害。据记载，1950年夏秋，钱塘江流域普降大雨，萧山受涝16万亩，富阳受淹10万亩；钱塘江水一度冲破杭州一堡外沙老堤，决口12处，淹农田300亩、房屋70间。1951年夏，全市被淹农田41万亩，冲毁水利设施434处，堤塘决口11处，倒塌房屋400多间，淹死6人。1952年，全市被淹农田41万亩，冲毁水利设施617处，倒塌房屋150多间，淹死10人。1953年，全市被淹农田8万亩，冲毁水利设施763处，倒塌房屋30多间，淹死6人。

因此1954年的1月31日，第一次来杭州的毛泽东，就专门安排时间去视察钱塘江了。

1月30日的傍晚，毛泽东忽然对叶子龙和王芳说，想要去钱塘江看看。

王芳一时有些不太明白。他心想：两天前主席不是已经去过钱江大桥和六和塔,看到过钱塘江了,怎么这会儿又要去看钱塘江?莫非是想看钱江大潮?于是他顺口说道:"现在不是看潮的时候。"

毛泽东摆了摆手,说:"不是看潮,是去看江堤。"

哦,原来主席是要去视察钱塘江的堤塘啊,王芳这才醒悟过来。他赶紧联系杭州市公安局的易成铸,请他抓紧去实地调查勘查一下,选好视察的地段。

第二天正好是一个气候寒冷但却十分晴好的日子,于是这天下午,他们就出发去视察钱塘江了。视察地点经市公安局精心勘查,选在了杭州七堡的附近,这里距离杭州市区不远,又能非常直观地看到钱塘江大堤的情况。

汽车沿着杭沪公路向东驶去,不一会儿,就来到了七堡的江边。明媚的阳光下,波涛汹涌的钱江水呈现出难得一见的平静,江面上甚至还有阳光映射出来的点点金光在不断地闪烁。

毛泽东穿着大衣、戴着呢帽,在距离海塘大约六七十米的地方下了车。他健步走上江堤,将双手插在裤兜里,一边向前缓缓步行,一边仔细地察看着脚下的海塘设施。

这是一段清朝后期修建起来的鱼鳞石塘,塘顶的长方形条石之间用一种特制的铁锭楔连接起来,塘基处设有防止海塘基础被江水冲刷侵蚀的坦水,坦水下的碎石和木桩也都清晰可见。

虽然主席并未发表什么意见,但看到这段堤坝整体修筑得比较完好,他显然是比较满意的。

可是,钱塘江海塘的总长绵延300公里,其他地方修建的情况又如何呢?这个问题其实一直记挂在主席的心中。因此在奋战了一个多月后,宪法草案的起草工作即将完成之时,他又提出了要再去钱塘江海塘视察一次的要求。

第四章
繁忙的工作，简朴的作风

当然，这次的视察肯定要换一个地点了。既然上次看的是钱江北岸的七堡段海塘，那么这一次，就定在了钱塘江南岸的萧山段钱江海塘。

视察之后，毛泽东结合农田水利建设工作，对钱塘江海塘建设提出了要求。遵照毛泽东和中共中央的有关指示，浙江省和杭州市一以贯之地开始了以治江围涂为重点的农田水利建设。经过60多年的不懈努力，培修、加固、新建海塘和江堤1400公里，围涂60多万亩，特别是建成了钱塘江两岸170多公里的高标准防洪海塘，从而确保了钱塘江两岸人民的生命和财产安全。

52 /

1954年3月14日，就在杭州的宪法草案起草工作全部结束，毛泽东即将启程回京的这一天，他又专程赶往绍兴，去东湖农场考察农村工作和农业生产情况。

当时，在中共中央《关于发展农业生产合作社的决议》推动下，全国各地的农村互助合作运动正如春风野火般轰轰烈烈地发展起来。时刻关注着这一运动发展情况的毛泽东，多次听取浙江省委负责人关于试办农业生产合作社的情况汇报。

在3月初的一次汇报中，浙江省委书记谭启龙介绍了绍兴东湖农场改革耕作制度，实行科学种田，改造低产农田，使当年的"放鸭畈"变成了全省有名的高产样板田，粮食亩产达到了709斤的情况后，毛泽东顿时来了兴趣。他十分高兴地对谭启龙说，要亲自去看看。

于是宪法草案起草工作一结束，毛泽东就在谭启龙、王芳的陪同下，迎着初春的寒风赶往绍兴。

这天上午9时左右，考察车队在绵绵细雨中抵达绍兴。他们既没有开进绍兴城，也没有惊动当地的党政领导，而是直接驶向了东湖农场。

雨中的东湖农场虽然笼罩在一片灰蒙之中，但是在一畦畦平整的稻田里，鲜嫩的草籽已经密密匝匝地冒了出来，仿佛为农田铺上了一层生机盎然的绿毯。身着灰色呢大衣，头戴灰色呢帽的毛泽东下车后，冒着毛毛细雨，神采奕奕地率先走上了田埂。

在毛泽东的带领下，一行人鱼贯踏上泥泞的田塍，大家一边听着农场负责人的介绍，一边细心地察看着农田的状况。其间，毛泽东还不时向农场负责人提出问题，询问情况。当他看到绿油油的田地里一片生机，不禁露出了会心的笑容，连声称赞科学种田好。

考察完农场的情况后，毛泽东一行又渡过小河，来到了东湖风景区。

在刚刚完成的宪法草案初稿中，明确提出"矿藏、水流，由法律规定为国有的森林、荒地和其他资源，都属于全民所有。"东湖风景区正是这样一处历史悠久、属于全民所有的自然资源，毛泽东对这里的情况自然十分关心。

在东湖附近的岸边，毛泽东缓缓地散了一会步，仔细地欣赏着东湖的山山水水。那碧绿澄澈的湖水、斧劈刀削般的峭壁、奇异独特的洞天，无不引起了毛泽东浓厚的兴致，他索性回身来到一张八仙桌旁，坐了下来。

"这水有多深？"毛泽东抬手指了指面前的清澈湖水，突然问道。

这突如其来的一问，没想到竟把大家都难住了。站在一旁的谭启龙、田家英都面面相觑，一时不知该怎么回答。

尴尬之中，谭启龙忽然急中生智，指着湖对岸的岩壁说："这

第四章
繁忙的工作，简朴的作风

里边有个叫仙桃洞的，湖水很深，洞门旁有副对联，写着水五百尺不见底，桃三千年一开花。"

毛泽东听了，顿时笑了起来："这桃三千年一开花？"

大家也都不禁笑了起来，气氛一下子轻松起来。

"那究竟有没有桃树呢？"站在毛泽东身边的田家英紧接着又问了一句。

"洞上边的岩石缝里是有一棵不大的桃树。"谭启龙很有把握地回答。

毛泽东指着陡峭的悬崖，感慨万千地说："这可不是老天爷的鬼斧神工，而是劳动人民世世代代开凿石条才造就出这壮丽景观的呦。"

说完，他很有兴味地深深吸了一口烟，继续深情地凝望着那险峻的崖壁、潺潺的流水，以及散布在山水之间的飞檐亭榭和拱形石桥，仿佛在为中华民族的勤奋与伟大而默默赞叹。

随后，毛泽东与秘书们从科学种田和东湖的景观谈开去，谈起了《红楼梦》。议着议着，他忽然转脸问坐在右手的谭启龙："小谭，你看过这部书吗？"

"我在战争年代看过一遍。"谭启龙如实回答道。

"看一遍可不行，至少要看五遍，才能有资格参加议论。"

毛泽东笑着说，"这部书不仅是一部文学名著，也是一部形象的阶级斗争史，它里面可有六条人命。不读《红楼梦》，就不知道中国的封建社会。"

顿了顿，毛泽东又谈起了绍兴的历史和名人："绍兴是越王勾践卧薪尝胆的地方，也是中国当代文豪鲁迅先生的家乡。"

说着，他又问谭启龙："你去过鲁迅故居吗？"

谭启龙点点头:"去过。"

"鲁迅生前有两句名言,一句是'横眉冷对千夫指',另一句是'俯首甘为孺子牛',你知道吗?"毛泽东继续问道。

"知道。"谭启龙回答。

毛泽东的脸上露出了欣慰的笑容,他感慨地说道:"我们共产党人就是要有这种为人民甘做牛马的精神啊!"

53 /

从绍兴东湖回到杭州后,兴致正浓的毛泽东想起了在井冈山上一起奋战过的老部下江华。当天下午,他就在北山街84号院的办公室里召见了时任中共浙江省委副书记的江华。

两位从井冈山上下来的湖南老乡迎窗而坐,一边品尝着清香四溢的西湖龙井茶,一边回忆起了当年在一起共同奋战的岁月。

"西湖的水多诱人呀!"说着说着,正凝望着窗外西湖美景的毛泽东,忽然把话题引到了水上来。他颇为感慨地向江华讲述起了白居易和苏东坡在杭州治水的故事,还诙谐地对曾担任过杭州市委书记和市长的江华说:"将来有哪位'知府'从钱塘江取水灌入西湖,让西湖水川流不息,那这位'知府'将永远铭记史册。"

见毛泽东兴致很高,江华就向他汇报起了浙江省委关于水利建设的一些设想,重点介绍了正在谋划筹建的新安江水电站有关情况。他说:"1949年,刚解放的浙江省发电装机容量只有3.31万千瓦,年发电量也只有0.59亿千瓦时;到了1953年,全省装机容量也只有4.47万千瓦,全年发电量刚过1亿千瓦时,这与浙江工业快速发展是极不相适应的。因此,建设新安江水电站很有必要。"

毛泽东听了之后非常高兴,他一拍书桌,用浓重的湖南乡音对江华说："你这个想法好，新安江上要建大型水力发电站，我支持！"

"这件事，国民党曾经想做过。1947年1月，浙江省钱塘水利资源勘测队踏勘了新安江，次年4月又上书行政院，要求建电站。但最后他们还是没有办成。"主席的肯定给了江华极大的鼓励，他接着汇报道："国民党想要办的事，我们共产党肯定比他们办得好、办得大。新安江电站建起来，我们浙江的电力就没问题了，现在我们浙江的老书记谭震林也很重视这件事。"

"你不能光想到浙江，还要为上海、江苏、安徽作贡献。"毛泽东大手一挥，眼望远方，"如果新安江电站装机容量有个几十万千瓦，每年发几十亿度电，那将是对杭州、上海、南京等地的工业一个大推进"。

第四章
繁忙的工作，简朴的作风

第十八节　简朴的生活

"五四宪法"历史资料陈列馆的主题陈列第二单元中，有一个展厅的展柜是恒温恒湿柜，里面展示着浴衣、浴巾、毛巾、拖鞋、枕头、枕巾、被单、垫被、毛毯、椅垫、台布等12件看上去非常普通的居家用品。这些，就是毛泽东当年在北山街84号院30号楼使用过的珍贵文物。熟悉那段历史的人们都知道，新中国成立后，毛泽东到各地考察有一个规矩，就是随身携带日常的生活用品，决不给当地政府添麻烦。来杭州起草宪法也不例外，不过他随身带来的生活用品都放在了住地刘庄。考虑到主席经常在84号院通宵工作，负责接待和警卫的部门这才另备了一套生活用品，供主席在这里使用。

这些看上去很平常的居家用品，大多数都是棉织品，部分还是杭州本地生产的，与寻常百姓家中使用的并无任何差别。睹物思人，观众可以从这些珍贵的文物中感受到毛泽东一贯坚持的艰苦奋斗、勤俭节约的生活作风和高尚风范。

◎"五四宪法"历史资料陈列馆中展出的毛泽东在30号楼休息时使用的生活用品。

54 /

在浙江档案馆的库房内,曾经有一只看上去十分普通甚至有些简陋的木箱子,这是由浙江省机关事务管理局服务处移交过来的历史文物,里面收藏着毛泽东在北山街84号院30号楼办公时使用过的衣物。

一张泛黄的《三十号平房被褥衣具单》上,清楚地记录了这批包含了棉被、垫被、毛毯、绒毯、被单、枕头、枕巾、浴衣、浴巾、毛巾、拖鞋、椅垫、台布等物品的翻晒整理记录。

2016年12月4日,正值第三个国家宪法日,"五四宪法"历史资料陈列馆在杭州北山街84号院30号楼正式建成开放。那箱见证

第四章
繁忙的工作，简朴的作风

了毛泽东废寝忘食地在杭起草宪法草案，直接体现了主席简朴生活作风的日用衣物，也被"五四宪法"历史资料陈列馆正式接管，并且陈列在了该馆的主题展厅之中。

在这箱文物中，有一件竖条蓝白花纹的毛巾棉睡衣，如今被十分醒目地居中悬挂在恒温恒湿展柜的正中央。这是一件非常普通的国产"工农牌"睡衣，由上海第二纺织厂生产。大家都知道，毛泽东是个很"恋旧"的人，他的生活用品总是能跟随他很久，即使破旧不堪了，他也不允许工作人员随便丢掉。可是这件看上去并不破旧的睡衣，为什么没有被毛泽东随身带走呢？

因为，这是浙江方面为毛泽东准备的生活用品，所以在毛泽东眼中，这并非他的个人财产，虽可以因工作需要暂时"借用"，却不能随便占为己有。因此，在杭州的宪法草案起草工作结束后返京时，毛泽东并没有带走这件睡衣，而是把它留在了杭州。

事实上，从北京出发来杭的时候，毛泽东确实带来了一件自己的睡衣。那是一件白色棉质睡衣，是由北京东交民巷雷蒙服装店的王子清师傅专门为主席量身定做的，春秋两季都可以穿。那件睡衣材质普通，款式平常，是我们常见的夹层香蕉领，外侧有两个口袋，长141厘米。就是那样一件简简单单的睡衣，毛泽东却很是喜欢。来杭起草宪法草案的那段时间里，毛泽东的住地被安排在刘庄，于是这件贴身伴随着他度过无数个夜晚的睡衣，就放在了刘庄的卧室里。

据毛泽东身边的工作人员回忆，从50年代初一直到1971年，那件睡衣整整伴随了主席20余年，每到春秋两季，主席都爱穿它。尽管越来越旧，毛泽东却一直舍不得扔掉。由于睡衣的面料比较薄，穿久了之后，睡衣的肘部、领部、袖口、前襟、下摆都有了破洞。

"主席，这件睡衣今年该换换了吧？"一天，工作人员趁吃饭的时候向毛泽东提出了建议。

毛泽东一边吃饭，一边说："现在国家不是还很困难吗？我看再补一补就行了嘛！"

"您是主席。"工作人员小声嘀咕了一句。

"噢，我是主席。主席的睡衣就不能补一补了？"毛泽东抬头看了身边的工作人员一眼，说："你不是也穿着补的衣服吗？"

"主席，您和我不一样！"工作人员有点急了。

"为什么不一样，就因为我是主席？难道我不也是人民中的一员吗？"毛泽东脸上的神情十分严肃。

工作人员没办法，只好将这件睡衣送到总后被服厂刘奎元师傅那儿去织补。刘师傅找了同色的布料精心缝补后，不仔细看竟看不出补丁来。毛泽东很满意，从此这件睡衣破了补，补了又穿破，就再拿去补。这样一晃几年过去了，睡衣上竟不知不觉地打上了73块补丁，以至工作人员洗衣服都不敢用手搓，生怕一不小心就把衣服给洗破了。

一次，洗衣房的同志对毛泽东身边的工作人员说："你看这件睡衣，袖肘又破了，洗的时候从水里都不好往外提，弄不好就被拽破了，还是给主席换件新的吧。"

工作人员知道毛泽东的态度，于是就趁他休息的时候，悄悄地给他换了件新睡衣。没想到毛泽东一觉醒来，发现睡衣被人换了，就很不高兴地追问旧睡衣的下落。最后，工作人员只好把藏起的睡衣又拿了出来。

睡衣的故事虽然很平常，背后折射出的却是老一辈无产阶级

第四章
繁忙的工作，简朴的作风

革命家生活朴素、清廉如水的高尚情操。

55 /

有人说，恋旧是毛泽东独特的生活习惯。事实上，这不仅仅是一种普通的习惯，更是共产党人不忘初心、牢记本色的生动写照。在长期的革命生涯中，毛泽东等老一辈无产阶级革命家始终保持着艰苦朴素的作风，为全党树立了良好的榜样。

新中国成立伊始，国家建设刚刚起步，人民生活还比较困难，作为党和国家领导人的毛泽东，坚持与人民同甘共苦，从生活点滴做起，一直保持着十分俭朴的生活作风。从1953年到1962年，毛泽东没有做过一件新衣服，他的标准就是方便实用，而不在乎新旧优劣。他常说："现在国家还穷，不能开浪费的头。"

身边的工作人员劝他，作为国家主席，还是应该注意形象的。毛泽东笑着说："没关系，穿里面别人看不见，我不嫌就行。"因此除了应付场面的外套之外，毛泽东的日常穿戴用品中几乎很难找到一件完整没有补丁的衣服。

其实毛泽东并不是不知道着装的重要性。俗话说佛要金装，人要衣装。深谙中国历史文化的毛泽东自然最清楚这一点了。在他早年赴湘乡东山求学的时候，就曾因穿着破旧而受到同学的歧视，为此还感到精神上很压抑。所以只要条件允许，谁不希望自己能够穿着考究一点、体面一点？

但是作为新中国的领袖人物，毛泽东首先考虑的就不是自己个人的体面与讲究，而是整个国家的建设与发展。他说："没有条件讲究的时候不讲究，这一条好做到；经济发展了，有条件讲究仍然约束自己不讲究，这一条难做到。共产党员就是要做难做到的事。"他就是这样时刻提醒自己，始终保持着党的优良传统和作风，为加强党的作风建设做出示范带头作用的。

毛泽东来到杭州后，依旧是时时处处都保持着一贯的艰苦朴素和勤俭节约。他看到招待所里准备的大墨盒用起来很方便，就对工作人员说："你去请示一下领导，我们换一个墨盒用，看行不行？"

负责人得知情况后，对工作人员说："主席工作需要，拿走就是了。"

可是毛泽东却坚持把自己用了多年的小铜墨盒留下来，换了那个大的。

如今这个墨盒的照片，就陈列在那件蓝白竖条纹睡衣的右边；而在睡衣的左边，另一幅剪刀、火柴和订书机照片，同样记录了毛泽东简朴生活的另一些细节。

毛泽东提倡使用国货，图片上的订书机是外国货，后来上海生产了可以与之配套使用的订书钉，毛泽东就特意改用国产的钉子了。这个订书机一般情况下是不用的，只有当毛泽东认为是非常机密的文件，他才会亲自用订书机将文件订上，再交给机要秘书送走。而那把剪刀，则是杭州张小泉牌的，毛泽东既拿它来拆剪信封和文件的封口，也用这把剪刀来剪指甲。在杭州起草宪法草案期间，那枚小小的订书机和这把小小的剪刀，都见证了毛泽东日理万机的工作状态和勤俭节约的良好作风。

别看毛泽东的发型非常有特点，其实他一直都是让身边的工作人员给他理的发。主席理发不仅没有特别的讲究，而且不吹风，不抹油，每次都是要求越快越好。在理发的过程中，毛泽东也绝不浪费一点时间，他总是会拿着书和铅笔，边看边批。他甚至还跟为他理发的师傅打趣道："你办你的公，我办我的公。"

第四章
繁忙的工作，简朴的作风

有一次，毛泽东见理发师傅总是站着操作，便担心他会不会累着："我坐着，你站着，这太不合理了，你是不是也坐着呢？"

当时的牙膏还算是比较奢侈的生活品，所以毛泽东刷牙的时候从不用牙膏，总爱使用国产的"无敌牌"牙粉。

"主席，现在大家都不用牙粉了，您以后也用牙膏吧！"李银桥劝道。

"我不反对你们用牙膏，用高级牙膏。生产出来就是为了用的嘛。不消费还能发展吗？"毛泽东笑着说，"不过，牙粉也可以用嘛。我在延安用的就是牙粉，我已经习惯了啊！"

其实，毛泽东使用牙粉的习惯早在少年时代就养成了。在他的故乡韶山乡间，民间都有用牙粉清洁口腔的做法。当然，那种牙粉并非工业产品，而是当地百姓用谷壳烧剩下的白灰，可以算是一种"土特产"。这种白灰富含钾素，呈碱性，具有很强的附着清洁功能。用这种不花钱的"牙粉"清洁牙齿，不仅效果好，而且其中的微量元素还能进入体内，对身体颇有益处。因此，在韶山长大的毛泽东，跟当地的许许多多人一样，从小就养成了用这种牙粉刷牙的习惯。

新中国成立后，毛泽东虽然不再使用故乡那种土制的"牙粉"刷牙，但他也不爱使用牙膏，而喜欢用一种国产的"无敌牌"牙粉。

工作人员见主席劝不进，就在私下里嘀咕："如果没有工厂再做牙粉了，主席会不会改变习惯使用牙膏呢？"

谁知这话被毛泽东听见了，他哈哈一笑道："牙粉还是会生产的，因为还有人用它嘛。今后等全国老百姓都用上牙膏了，我就不再用牙粉啦！"

有意思的是，毛泽东因为节俭而选择使用的"无敌牌"牙粉，最后竟成了深受当时年轻人追捧的时尚物品。这充分说明了毛泽东在老百姓中有着巨大的榜样力量。

56 /

"我们可不能像李自成进北京。他们进了北京就变了,我们还要继续革命,建设社会主义新中国。我们决不能贪图享受。"

毛泽东的话很朴实,也很形象。他这样要求身边的同志,自己更是处处率先垂范。他对物质生活的要求简单至极,一生对吃、穿、用都没有什么特殊的讲究,唯一爱好的,就是烟和茶。因为他每天都要承担着严重超负荷的工作量,为了保持良好的精神状态,他需要通过抽烟与喝茶来提神醒脑。

毛泽东抽烟有多厉害?在北山街84号院起草宪法草案的时候,每每一个通宵下来,他的办公桌上的烟灰缸内,就会满满地堆起一座"小山",而且每一个烟蒂都已经被抽得只剩下最后那点烟屁股了。因为毛泽东抽烟的习惯是抽到快要烧着手指头了,剩下的再用烟嘴继续抽,一直抽到烟熄了才抠到烟缸里去。当时,工作人员如果要找毛泽东,只要到他的办公室窗口看一看,里面有没有"冒烟"出来,就知道他在不在屋里了。

工作人员知道毛泽东喜欢抽烟,为了外出携带方便,他们就用空烟盒装入烟卷。冬季气候干燥,烟卷干得掉渣,工作人员会找两片油菜叶子放进烟盒里,这样就能保证烟不干好抽了。即便是抽烟用的火柴,毛泽东也经常教育工作人员要重复利用,绝不允许浪费。他说:"火柴用完了,火柴盒不许扔,买来散火柴装上再用。"

当时,毛泽东领取的是国家一级工资,每月的标准是610元。

第四章
繁忙的工作，简朴的作风

这其中，烟和茶的开支就占到了很大的一块，每个月花在买烟上的钱就将近100元，茶叶也要花几十元。

但即便如此，毛泽东也从不揩公家的油。他去外面开会，总要吩咐随行的工作人员带着茶叶去。如果没带，就算是在人民大会堂开会喝一杯茶，临走前也要付给他们2角钱。

"主席，这点茶钱您就不要付了吧，我们工作人员出差、加班都有补贴，您除了工资，又没有其他任何额外收入。"

面对工作人员真心诚意地解释，毛泽东态度仍是异常坚决："不能开这个头！"

也许有人会说，毛泽东怎么会没有其他收入呢？他一生的稿费就是一笔巨款啊。

事实上，毛泽东从未使用稿费来支付过个人的消费。他一生的稿费较多，只存放在一个地方，那就是中办特会室。曾经有工作人员建议说："主席，您的稿费不能总存在特会室名下。"

毛泽东毫不犹豫地回答："稿费是党的稿费，老百姓的稿费，不是我毛泽东的稿费。"

"那将来孩子们怎么办？"工作人员问道。

毛泽东非常肯定地说："孩子们长大了，他们为人民服务，人民给了他们一定的待遇和报酬，能自己养活自己。"

1974年，经毛泽东批示，工作人员取出部分稿费，分成4份分别交给贺子珍、江青、李敏、李讷，作为生活补贴之用，这或许就是毛泽东唯一一次拿稿费补贴家用了。

毛泽东的饮食也是极为简朴，他的正餐一般是四菜一汤，一个荤菜，一个鱼，一个半荤半素，一个全素。每天的食谱都由工作人员来定，他从来不对饭菜发表任何意见，也从来不主动说想吃什么。有时工作人员会征求他的意见："主席，加点菜吧。"

毛泽东却说："吃这个很好了，很多人还吃不饱饭哩。中国不缺我毛泽东吃的，但如果我拿了国家的钱，部长们、省长们、村长们都可以拿。"

有时来客人了，拿出来招待客人的，也往往仍旧是那四菜一汤，无非就是菜量增加了一些。而且毛泽东吃饭不像常人那样按时、按顿很有规律，常常是被值班卫士提醒或催着才吃一顿，要保证他在24小时以内吃上三顿饭是一件非常不容易的事。

毛泽东说过，全党在胜利面前要保持清醒头脑，在夺取全国政权后要经受住执政的考验，务必继续保持谦虚、谨慎、不骄、不躁的作风，务必继续保持艰苦奋斗的作风。从毛泽东点点滴滴的生活细节中我们可以看出，艰苦朴素的生活作风，绝不仅仅只是一个人的生活习惯这么简单，其背后折射出的，是一个执政党作风与素质的综合体现。

第五章 / 人民宪法，大国根本

第五章
人民宪法，大国根本

第十九节　领袖和人民

"天下西湖三十六，其中最美是杭州。"毛泽东一生，先后来过杭州53次。他喜欢杭州和西湖，当然与三面云山、一水抱城的湖光山色有关。而这种喜欢的背后，还有一层原因，西湖自然景观和人文历史的融合，杭州人亲近山水和讲求品赏的性格，活化着中国古代"天人合一"的哲学思想。毛泽东在山水相拥的西子湖畔领导宪法起草的日子里，他那饱学中国传统文化又笃信马克思主义的思维方式，给后人留下了一个个彰显唯物史观的精彩细节。

在杭州的77天，在回到北京讨论宪法的日子里，《毛泽东年谱》和各种会议文件、回忆文章，记录了他的文稿批语、会议谈话、电报内容以及与中央领导同志的交流意见等。这些珍贵的历史资料，反映了经过艰苦奋斗取得国家政权不久的我党最高领导人，当时在一些重大问题上的立场、观点和思想方法。

◎ 1954年，毛泽东在杭州。
（侯波 摄）

57 /

　　起草宪法的那段日子，正处于我党开天辟地、在世界东方创造人民当家作主新政权的初期。在巨大胜利的鼓舞下，全国人民热情高涨，各项运动接连推进，中华大地呈现一片万象更新的局面。

　　宪法是权益的护身符。围绕人民有哪些权利、怎样表述、置于宪法什么位置等等，讨论稿建议多样，人们对未来充满期待。对此，毛泽东有一段理性平和的分析："这个宪法，是以《共同纲领》为基础，加上总路线，是过渡时期的宪法，大概可以管十五年左右。我们的宪法是过渡时期的宪法，我国的各种办法大部分是过渡性质的。

第五章
人民宪法，大国根本

人民的权利，如劳动权、受教育权等，是逐步保证，不能一下子保证。我们的选举，也是过渡性质的选举，普遍算是普遍了，但也有限制，地主没有选举权，也不完全普遍。我们只有基层选举是直接的，其余都是间接的。总之，我们的办法不那么彻底，因为是过渡时期。人民的权利和义务，也有过渡时期的特点。支票开得好看，但不能兑现，人民要求兑现，怎么办？还是老实点吧！"

毛泽东的这番分析，一方面，是在回答一些党外人士对《共同纲领》"被宪法取代"的担心：不仅《共同纲领》具有"过渡性质"，而且马上要制定的"宪法"和很多"政策"，其实都带有"过渡性质"；另一方面，也是把党的"种子"融入人民"沃土"，促其成长壮大的一种思想引导：美好生活既在脚下，更在前方，需要党和人民一步一个脚印逐步去实现。

什么是政治，毛泽东有一个通俗易懂的说法：政治就是把拥护我们的人搞得多多的，把反对我们的人搞得少少的。

针对当时对阶级斗争、对资产阶级联盟的不同认识，毛泽东建议在《关于中华人民共和国宪法草案的报告》文稿中，加写几句话：

"那种认为我国已经没有阶级斗争了的想法，是完全错误的。"

"他们（指资本家）的政治权利也不会被剥夺。这和我们对待封建地主阶级的政策是大有区别的。"

"他们要我们破裂同民族资产阶级的联盟，立即剥夺民族资产阶级。他们又嫌我们的农业政策'太慢了'，他们要我们破裂同农民的联盟。这些难道不是完全的胡说吗？我们如果照这样作，当然只有帝国主义和蒋介石卖国贼最为高兴。"

在讨论到刑罚时，毛泽东说："杀人要少，杀一个人就要牵涉到他的亲属……""犯了罪的人也要教育,采取帮助他们的方法,慢慢来,不性急,绝大多数的人是可以进步的。将来把这些写进法典里去,民法、刑法都要这样写。我们有些干部不懂得要把改造人放在第一位,不要把劳动和生产放在第一位。"

工人阶级的政党,要始终把团结带领最广大的人民群众放在第一位。在当时的条件下,不仅要建立紧密的工农联盟,还要和民族资产阶级结成联盟,对犯罪分子也要尽量少杀和尽量改造,这是毛泽东结合国情,对马克思主义唯物史观生动而具体的运用。

58 /

新中国成立初期,内政外交诸事纷呈。夙兴夜寐、日理万机的毛泽东,保持着他高屋建瓴又体察入微的领导风格。

在杭州,起草小组参考了多种中外宪法版本,形成基本草稿后,在征求中央领导、民主人士、党内干部意见过程中,毛泽东说过,"在西湖那一次稿,就有七八次稿子(修改稿)……总之是反复研究,不厌其详。将来公布以后,还要征求全国人民的意见。"

毛泽东有一个愿望,这个宪法是要基层群众看得懂,要全国人民举手通过的。他对陈伯达的起草的稿子不满意,写得太长,拉得太远,不便于普通群众阅读。因此,他提出了宪法写作的一个标准:尽量通俗易懂。

新中国成立时,5.4亿人口中,80%是文盲,农村的文盲率高达95%。为提高全民文化水平,在20世纪五六十年代,全国各地进行了大规模的扫盲运动。

毛泽东非常厌恶官腔拿调的八股文。延安时期,他在《反对

《党八股》的演讲中曾历数党八股八条罪状。后来，他反复、多次讲过这个问题。

在党的八届七中全会上，毛泽东讲道：凡是看不懂的文件不要拿出来。他说，现在有相当多看不懂的文件，而主要出于我们工业界。"我希望以后不要拿出这样的文件来，要用口语写出来，每一个问题都要交代清楚。"

离开杭州回到北京后的第九天，1954年3月23日，毛泽东主持召开中华人民共和国宪法起草委员会第一次会议，代表中国共产党提出《中华人民共和国宪法草案（初稿）》。

会议期间，毛泽东又特别强调了通俗易懂问题。

他举例说：把什么什么"时"，都改为"……的时候"。他的意思，宪法尽量像平时讲话一样，明白如话，贴近百姓。"讲话一般不说'我们在讨论宪法时'，而说'我们在讨论宪法的时候'。"

他还提出：古语"为"字做系动词，老百姓不易看懂听懂，都改成"是"字，就明白如话了。

他又举例说："什么什么'规定之'，'之'字在一句话的末尾，只是重复了上面的，毫无用处，也都去掉了。"

他还不放心，提醒起草小组：也许还有改得不彻底的地方，还可以改。

1954年2月25日，宪法起草小组改出了《中华人民共和国宪法草案（初稿）》三读稿。三读稿在说明中写道："除内容上的若干修改外，这次修正，根据主席指示，特别把许多可以避免应当避免的文言字句改掉，力求通顺。"

宪法的文字表述，不仅是一个文风问题，它反映着阅读对象在毛泽东心中的分量。

在之后长达半年的各个层面的宪法草案讨论修改和全国宪法大讨论中，毛泽东一直亲力亲为，不断提出具体而又务实的意见和要求，使这部宪法草案变得日益完善。

"五四宪法"的起草过程，反映了在革命党转型为执政党的特殊时期，毛泽东在处理领袖和人民、个人和集体、政党和政府关系时，他登高望远、举重若轻的清醒头脑和政治智慧。宪法草案已成历史，政治智慧关乎后来。始终秉承马克思主义的唯物史观，中国社会主义的大道就可以越走越宽广。

第五章
人民宪法，大国根本

第二十节　宪法起草委员会的七次会议

这是一幅意义非凡的历史照片，展出在"五四宪法"历史资料陈列馆主题陈列的第三单元第一个展厅中。该照片摄制于1954年3月23日。这一天，中华人民共和国宪法起草委员会第一次会议在中南海勤政殿召开，毛泽东亲自主持了会议。这张照片就是26名参会人员在勤政殿的国旗前留下的合影。

在这幅巨大的照片中，我们可以看到许许多多熟悉而敬爱的面孔：毛泽东、刘少奇、周恩来、陈云、董必武、邓小平、宋庆龄……在庄严而又鲜艳的五星红旗下，参加中华人民共和国宪法起草委员会第一次会议的全体人员分两列站立。每一个人的神情，都肃穆而又欢欣；每一个人的脸上，都写满了对新中国美好未来的无限憧憬。正是这次新中国栋梁的聚会，为接下来长达数月的轰轰烈烈的新中国宪法大讨论拉开了帷幕。

◎ 1954年3月23日，毛泽东在中南海勤政殿主持召开中华人民共和国宪法起草委员会第一次会议，代表中共中央提出《中华人民共和国宪法草案（初稿）》。图为与会人员合影。（侯波 摄）

59 /

在毛泽东的亲自领导下，经过整整77天的艰苦工作，宪法草案起草这一重大"战役"，终于在1954年3月的中旬画上了圆满的句号。

3月14日下午，毛泽东启程返回北京。途中，根据毛泽东的意见，中央政治局在京作出了两项决议：一是由陈伯达、胡乔木、董必武、彭真、邓小平、李维汉、张际春、田家英等8人组成宪法小组，负责对宪法草案初稿做最后修改；二是组成由中国共产党领导人和民主党派领导人参加的宪法起草委员会办公室，由李维汉任秘书长，齐燕铭、田家英、屈武、胡愈之、孙起孟、许广平、辛志超任副秘书长，负责进一步修改宪法草案的日常工作。

第五章
人民宪法，大国根本

3月17日，毛泽东和宪法起草小组一行顺利抵达北京。经过这样一场艰难的"战役"后，起草小组的每位成员都非常疲惫了。但仅仅几天后，毛泽东就立即着手召集宪法起草委员会会议讨论宪法草案。陈伯达因为思想上一直有点情绪，工作上有所放松，不过身体状况倒没什么大碍。胡乔木的情况可就不太乐观了，他的眼疾发作，经住院治疗仍不见明显好转，只得遵照医嘱转去莫斯科继续治疗，后期的宪法起草工作便未再参加。于是，田家英身上的工作压力就更大了，白天他要参与组织北京地区的讨论，并与各地联络；晚上又要将当天全国的讨论情况汇总起来向毛泽东报告。由于连续通宵达旦地工作，他曾一度因劳累过度而吐血。但即便如此，宪法草案的讨论、修改和完善工作一直在紧锣密鼓地进行着，丝毫未受影响。

3月23日下午3时，由毛泽东亲自主持的中华人民共和国宪法起草委员会会议在中南海勤政殿举行。这是一次非常重要的会议，刘少奇、周恩来、陈云、董必武、邓小平、宋庆龄、李济深、何香凝、沈钧儒、程潜等26名宪法起草委员会委员出席了会议。会上，毛泽东首先代表中国共产党向会议正式提出了《中华人民共和国宪法草案（初稿）》。随后，陈伯达受毛泽东委托，在会上作了关于宪法草案（初稿）起草工作的说明（以下简称《说明》）。《说明》由毛泽东修改审定，实际上代表了"中华人民共和国宪法草案初稿起草小组"的集体意见，反映了毛泽东和他领导的宪法起草小组制定宪法的指导思想、基本思路、基本框架以及对宪法草案的若干重大问题的思考。

《说明》一共有八个部分，当第一部分报告完宪法起草工作经过时，毛泽东补充道："宪法起草小组自1月7日开始工作，3月9日工作结束。起草小组进行了一度工作后，由董老、彭真、张际春同志组成了研究小组，还请了周鲠生先生和钱端升先生为法律顾问，叶圣陶先生和吕叔湘先生为语文顾问，又搞了个把月，同时中共中央也讨论了三次，每次都有很多修改。"

《说明》的第四部分讲的是国家过渡时期的特点。当介绍到，过渡时期的总任务和实现这个总任务的内外条件已在序言中作了叙述的时候，毛泽东如数家珍般地作了进一步的说明，他说："总任务，序言的第二段；实现总任务的内外条件，序言的四至六段，即统一战线、民族关系、国际关系。"

"宪法草案上有个其他个体劳动者，这是指摊贩、夫妻商店、船夫、戏班子等等，他们既是劳动者，也是私有者。"当陈伯达说到总纲关于逐步改变个体劳动者的所有制为社会主义的集体所有制时，毛泽东举例解释道："比如梅兰芳，他也是劳动者，他的戏班子又是他个人的。"

陈伯达继续报告说，个体经济像个汪洋大海，把他们变为集体所有制是很复杂很困难的。此时，毛泽东风趣地插话道："最困难。改造资本主义困难，比较来说，改造个体农业、手工业更困难。人多，分散，一万万一千万户农民，就有一万万一千万个单位，我们要指挥这么多单位好困难啊！征粮、购粮，是一万万一千万个单位，怎么得了？你干，他不干。你要买粮食，他不卖，怎么办？为什么我们没有肉吃？就是因为他们吃多了。福建省长汀县河田镇解放前一天杀三头猪，现在杀十八头猪，还不够吃！"

在听了关于改造个体劳动者是采取过渡形式，改造资本主义也是逐步过渡的介绍后，毛泽东深有感触地说："我们的宪法，是

第五章
人民宪法，大国根本

过渡时期的宪法，我国的各种办法，大部分是过渡性质的。人民的权利，如劳动权、受教育权等等，是逐步保证，不能一下子保证。现在有人进不了学校，就打学校；说，什么人民政府！不让我进学校，我就打你。没有那么多学校，怎能都进呢？地主没有选举权，也不完全普遍；平等，城市选的代表多，乡村选的代表少，如完全按人数平等选举，那人民代表大会就几乎成了农民代表大会，工人就变成了尾巴；直接，我们只有基层选举是直接的，其余都是间接的；无记名，我们一般是举手，还是有记名。总之，我们的办法不那么彻底，因为是过渡时期。怎样选全国人民代表大会代表，是不是乡村八十万人口选一个，城市十万人口选举一个，这些问题，在选举法上去做文章好了，这里就不写了。人民的权利和义务，也有过渡时期的特点。支票开得好看，但不能兑现，人民要求兑现，怎么办？还是老实点吧！"

当介绍到《说明》的第五部分中，提到资产阶级国家的总统可以解散国会时，毛泽东又插话道："我们的主席、总理，都是由全国人民代表大会产生出来的，一定要服从全国人民代表大会，不能跳出'如来佛'的手掌。"

他还说："资本主义国家名义上是议会选举政府、通过法律，实际上议会是政府的附属品。我们中央有个国务院，就是中央人民政府，地方各级人民代表大会选举出的由主席、副主席、委员组成的地方各级人民政府，就是国家的地方各级管理机关，也是行使国家权力的地方机关。因此，地方上就没有常务委员会了。苏联叫最高苏维埃，我们叫全国人民代表大会；苏联叫最高苏维埃主席团，我们叫全国人民代表大会常务委员会；苏联叫部长会议，我们叫国务院，我们就是多个主席。有个议长，还有个主席，叠床架屋，这个办法可不可以？各人民民主国家中，捷克斯洛伐克、民主德国是这样的制度。他们叫总统，我们叫主席。议会议好的东西，归主席发布；但他不能发布议会没有议过的东西；他也不能行，行是国务院的事。这个大家是不是赞成？可以讨论……"

就这样，在陈伯达的说明过程中，毛泽东不断地插话补充，作进一步的说明。从《说明》的第一部分到第八部分，毛泽东都通过这样的插话，将宪法草案初稿的内容、结构安排以及草拟条文的精神和用意都点得更透彻，说得更明白具体了。这些插话既生动又精辟，有的还十分的风趣幽默，充分显示了大国领袖的宽大气度，也传达了当时党内良好的民主氛围。

"这个初稿可以小修改，可以大修改，还可以推翻另拟初稿！"在会议讨论中，毛泽东虚怀若谷、掷地有声地说道。他在会上定了个大方针：宪法要简单、明了、通俗易懂。他还通过举例说明了"通俗易懂"的要求："宪法草案初稿把什么什么'时'都改成了'的时候'。'为'字老百姓不懂，都改成了'是'字。"

会议最后决定，除在宪法起草委员会全体会议上进行讨论外，还要会同全国政协对宪法草案进行分组讨论；同时分发给各大行政区、各省市的领导机关和各民主党派、各人民团体的地方组织，展开更大范围的深入讨论。

60 /

五天后，宪法起草委员会办公室迅速成立起来，办公室下设编辑组、会议组、记录组、联络组和总务组。来自中国人民大学、中央政法干校等高校的一批法学学者被召集起来，一起住进了中

第五章
人民宪法，大国根本

南海，那里是中央和政务院办公的地方。

工作压力最大的无疑是编辑组了。这个小组的工作很明确，前期是收集编辑与宪法有关的文献资料，供有关领导参阅；后期则要对来自各界的讨论意见进行收集、分类、归纳和整理。为此，编辑组的同志们一到中南海，就天天跑政府的资料室、外交部以及各大图书馆，去搜罗各个时期各个国家的宪法条款。然后，按照旧中国的宪法一本，美、法、德等资本主义国家的宪法一本，苏联等社会主义国家的宪法一本等等，将这些资料汇编成册。后来还编了一本工具书，书中对所有与宪法相关的名词都一一作了解释。

曾借调到田家英担任组长的宪法起草委员会办公室编辑组工作的张永恩，在《起草五四宪法的那些日子》文章中回忆了编辑组的工作情况。张永恩在抽调到宪法起草委员会办公室工作后，领到了宪法草案（初稿）共97条，以及苏联1936年宪法、苏俄1918年宪法和罗马尼亚、捷克、波兰等7个人民民主国家宪法的各章节集中的"宪法研究参考资料"10本。另外，编辑组还给他们发了1908年清末《钦定宪法大纲》至1946年国民党的《中华民国宪法》之间各时期颁布的宪法，作为工作参考资料。编辑组一共有30人，其中，中央政法干校11人。

毛泽东说："宪法草案如果6月1日不能公布，就推迟到6月15日。"遵照主席的指示，在宪法草案初稿修改前，讨论组要先召开多组召集人会议，征求大家的意见。因此资料编纂好后，工作人员就赶紧复印出来分发给参与讨论的高级干部们参看。

随着1954年开春的到来，500多位全国政协委员也加入到了立宪工作的队伍中来。他们被分成17个小组，每一组设2至4名召集人，分组讨论共40多天，开会260次，围绕宪法草案的初稿展开了充分热烈的讨论，共提出修改意见3500多条。

比如，宪法草案初稿中并没有明确提出宪法解释权的归属，座谈会上就有人提出可将解释权归属人大常委会。

有的小组建议，国家主席应该由全国人民选举更好，可以和全国人大议长有所区别；"国务院"名称可再考虑，可改为"政务院"。

关于地方立法机构，讨论中有人提出，地方人民代表大会是不是选出本级人民政府后就没事了？地方政府如果不称职，本级人民代表大会要罢免，上级政府采取什么态度？

第71条规定人民法院独立行使职权，只服从法律。有人就此提出，独立到什么程度？在公民基本权利部分，有人认为少了"思想自由"和"迁徙自由"，应该补充进去。

除了政协组织的讨论外，各省市以及军事单位也对草案进行了讨论。其中，被多次提到的一个意见是：本宪法应命名为"毛泽东宪法"。从1954年4月12日到20日，华北区、西南区、北京市、南京市、广州市等21个地方单位讨论宪法草案（初稿）时，都有建议本宪法应命名为"毛泽东宪法"。在宪法草案的全民讨论中，还有人提议参考1936年"斯大林宪法"，把这部宪法命名为"毛泽东宪法"。特别是出席第一届全国人民代表大会的代表，在分组讨论时也提出类似建议。但这一建议每一次都被毛泽东拒绝，体现了领袖谦虚的风范。

关于序言的讨论有：追述过去艰苦奋斗多，概况本宪法的内容少，政治意味多，法律的意味少，可考虑以"宣言"方式代替。序言是不是宪法的组成部分？其意义何在？

关于国家组织结构，有人提出"我们的主席和苏联为什么不一样？设主席的用意何在？"法院工作选上了不熟悉法律的人怎么办？德意志民主共和国有行政法院，我国为什么没有设立这种法院？另外，增列行政法院也被多次提到。

关于公民权利，有人建议增加"在审讯犯人时，不用刑、不拷打"；增列"私立学校在政府规定下，可以自由设立"。

在各小组的讨论基础上，宪法起草座谈会各组召集人联席会议又对草案进行了反复的研究，宪法起草委员会办公室详细记录了不同观点的争论：如针对第18条中的"一切国家机关工作人员必须为人民服务，效忠人民民主制度，服从宪法和法律"，田家英建议改为"努力为人民服务"，罗隆基则建议"全心全意为人民服务"，大家为此展开了讨论。

田家英说："'努力'是一个方向，如写作'全心全意'就定死了，如果有人不是百分之百地全心全意为人民服务，那不成违宪了吗？"

"国家机关工作人员首先要守法，才能领导人民守法。这一条是整我们这些人的，要求相当严格。总之，我们要夹起尾巴，并且准备打屁股。"李维汉也提出了自己的意见。最终，讨论的结果为"一切国家机关工作人员必须效忠人民民主制度，服从宪法和法律，努力为人民服务。"

4月22日，李维汉和田家英在政务院会议室主持召开各组召集人会议，宋庆龄、何香凝、史良、李德全、许广平、李济深、郭沫若、黄炎培、程潜、邵力子、罗隆基、马寅初、陈叔通、傅作义等参加了会议。

会上，多个组谈了在讨论中提出的问题。黄炎培、陈叔通先后发言，提出关于宪法的法律名词、文字修改、条文的前后安排顺序等，建议成立专门委员会，请顾问、专家把关修改。

接着，李维汉请田家英对会前各组讨论中提出的问题作讲解和回答。譬如：我们的宪法草案初稿为什么设置序言？田家英解释说，序言中谈到了中国革命的过程、今后的奋斗目标、中国各民主党派在中国共产党领导下密切合作的问题，这是宪法条文很难规定但又必须要讲的问题。

又如：宪法草案总纲中规定了四种所有制，即国家所有制、合作社所有制、个体所有制和资本家所有制。可为什么在1949年共同纲领中规定的国家资本主义所有制没有被提到？田家英解释说，因为它不是独立的所有制，所以宪法中没有规定。

再如：为什么宪法草案第六条没有关于铁路、邮政的条款？田家英的解释是，因为二者是企业，宪法中规定的是国家资源。

田家英还特别说明：宪法草案对国家主席的有关规定，是基于我们国家权力一元化、议行合一这一国情特点决定的。西方资本主义国家的总统可以解散国会，议会又限制总统。我们宪法草案规定，全国人民代表大会可以罢免国家主席，但国家主席不能解散全国人民代表大会及其常务委员会。

关于总理向谁负责的问题，宪法草案规定，虽然总理是国家主席提名任命的，但他不向国家主席负责，而是向全国人民代表大会负责。

经过这一轮的广泛讨论和修改，宪法草案的初稿日趋成熟。从5月27日至31日，在刘少奇的主持下，宪法起草委员会又接连召开了4次全体会议，对草案初稿进行逐章逐句的讨论，随后形成了宪法草案（修正稿）。

第五章
人民宪法，大国根本

6月8日，宪法起草委员会召开第六次会议，对宪法草案（修正稿）进行讨论。同时，进一步扩大范围，把这个稿子发给了全国政协、各大行政区、各省市自治区党政机关、军队领导机关、各民主党派和人民团体，共有8000多人参与其中。这8000多人对宪法草案（修正稿）进行了反复的讨论和修改，又提出修改意见5900多条。这些意见统统汇集到宪法起草委员会会议上，委员会根据各方意见，逐条对初稿进行修改。

在这段时间里，毛泽东始终关注着宪法草案的讨论情况。他要求田家英每天向他汇报一次有关宪法草案的各方面意见和修改进展情况。经过上下紧张高效的工作，宪法草案经再次修改后更趋完善，最后形成了再次修改后的修正稿。

61 /

6月11日下午，宪法起草委员会举行第七次全体会议，对宪法草案全部条文做最后审查，会议由毛泽东亲自主持。

虽然这是最后一次的审查会，但大家的讨论依然相当热烈。例如草案第54条第2款写道："自治区、自治州、自治县设立自治机关。自治机关的组织和工作由宪法第二章第五节规定。"

针对这一条款，张奚若首先提出，"由"字是否应当改为"按照"？因为"由"字有点未确定的意思，既然在宪法前文已有规定，还是用"按照"好一些。

"'由'字含有将来的意思，用'按照'也不太好。索性用'在'字倒好一些。"国际法专家周鲠生也提出了自己的想法。

毛泽东似乎并不赞同，他说："'在'字不那么妥当吧。"黄炎培说："用'按照'好。"

李立三则认为："还是用'由'字好，'按照'好像下面的话没有说完。"

这时，李维汉插进来解释道："当初是为了避免'按照'字样过多。第四节'按照'第五节的规定，第五节又'按照'第四节的规定，不大好，才用了'由'字。意思是说，关于自治机关的组织和工作这里不规定了，由那里去规定。"

听了大家的意见，毛泽东最后总结说："'由'字比'在'字好，也比'按照'好。'由'字不一定解释为现在没有将来才有的东西，比如：'这件事我办不了，由他去办。'"说着，转脸朝张奚若征求道，"张先生的意见怎么样？三个字比较，恐怕还是'由'字好。"

经过这番争论，张奚若显然已经弄明白了此处用词的深意，于是就说："我没有意见。"

像这样字斟句酌的推敲，在宪法起草过程中比比皆是。经这次会议的审查，宪法草案（修正稿）的全部条文最后被确定为106条。

会议最后，毛泽东作了讲话。他说："宪法的起草，前后差不多7个月。最初第一个稿子是在去年11、12月间，那是陈伯达同志一个人写的（后来没有被采纳）。第二稿是在西湖两个月，那是一个小组起草的。第三稿是在北京，就是中共中央提出的宪法草案初稿，到现在又修改了许多。每一稿本身都有许多修改。在西湖那一稿，就有七八次稿子。前后总算起来，恐怕有一二十个稿子了。大家尽了很多力量，全国有八千多人讨论，提出了五千几百条意见，采纳了百把十条，最后到今天还依靠在座各位讨论修改。总之是反复研究，不厌其详。将来公布以后，还要征求全国人民的意见。宪法是采取征求广大人民的意见这样一个办法起草的。

这个宪法草案，大体上是适合我们国家的情况的。"

接着，毛泽东又说："宪法起草委员会已经开了六次会议，今天是第七次会议，也可以说是中央人民政府委员会开会前的最后一次会议。宪法起草委员会应当把它所做的工作向中央人民政府委员会报告，并把这个宪法草案（修正稿）作为草案批准公布，在全国人民中间进行讨论，收集意见。那时，起草委员会还要做工作。在向全国人民代表大会做报告以前，宪法起草委员会还要开会，同时要准备一个向全国人民代表大会的报告。因为宪法草案是起草委员会起草的，收集了意见以后，还要再修改。修改成了最后稿，还要向全国人民代表大会做报告。"

第二十一节　全国人民大讨论

由新华社记者摄制的反映全国各地人民群众深入开展宪法草案大讨论的历史图片，展出在"五四宪法"历史资料陈列馆主题陈列第三单元的《全国人民参与大讨论》展柜中。相片中一个又一个生动热烈的画面，真实再现了当年那场春风烈火般燃遍全国大地的宪法大讨论：

北京大学未名湖畔的草坪上，一群大学生正席地围坐在一起，一位身穿短袖衬衣的男同学正给大家朗读着刊登在报纸上的宪法草案……

北京人民机器厂厂房前的空地上，几位年轻的工人利用工余时间聚集在高大的机器旁，专心致志地学习着宪法草案……

连绵起伏的大草原上，牧马和牛儿在远处休闲地吃着草儿，而近处正在烹煮着食物的火堆旁，一群少数民族同胞正围在一起热烈地讨论着宪法草案……

浙江麻纺织厂的厂区草地上，身佩锣鼓的工人报喜队正在向大家宣传宪法草案，一条写着"庆祝和拥护宪法草案的公布"几个大字的横幅格外醒目……

◎ 1954年,浙江麻纺织厂工人报喜队在宣传宪法草案。

62 /

1954年6月14日,毛泽东主持召开中央人民政府委员会第三十次会议。会议讨论并表决通过了《中华人民共和国宪法草案》和《关于公布中华人民共和国宪法草案的决议》。

在表决前,宋庆龄、李济深、黄炎培、张澜等21名与会人员发了言。大家普遍认为,中国人民要求立宪行宪已有五六十年了,但是从来不曾有过真正民主的宪法。如今,中国人民多年来浴血奋战所追求的目标,终于在中国共产党和毛主席的英明领导下即将实现。这将是中国有史以来第一部人民的宪法,是真正的名副其实的"人民宪法",也是领导中国人民走上社会主义康庄大道的宪法。在宪法草案中体现了建设性、和平性、团结性和进步性。

"这部宪法的特点,可以用三句话来概括。"张治中在发言中这样说道,"第一,结构严谨而明确;第二,内容完整而充实;第三,措词简易而明确。"

会议的最后,毛泽东作了《关于中华人民共和国宪法草案》的讲话。他开门见山地说道:"这个宪法草案,看样子是得人心的。宪法草案的初稿,在北京五百多人的讨论中,在各省市各方面积极分子的讨论中,也就是在全国有代表性的八千多人的广泛讨论中,可以看出是比较好的,是得到大家同意和拥护的。今天很多人讲了话,也都是这样讲的。"

紧接着,他又说道:"经过讨论,证实了宪法草案初稿的基本条文、基本原则,是大家赞成的。草案初稿中一切正确的东西,都保留下来了。少数领导人的意见,得到几千人的赞成,可见是有道理的,是合用的,是可以实行的。这样,我们就有信心了。"

毛泽东还认为,在讨论中提出了一些好的意见,都被采用了。"如果没有这些意见,宪法草案初稿虽然基本上正确,但还是不完全的,有缺点的,不周密的。现在的草案也许还有缺点,还不完全,这要征求全国人民的意见了。但是在今天看来,这个草案是比较完全的,这是采纳了合理的意见的结果。"

随后,他又对宪法草案的这两条特点作了进一步的阐述:"第一,这个宪法草案,总结了历史经验,特别是最近五年的革命和建设的经验。它总结了无产阶级领导的反对帝国主义、反对封建主义、反对官僚资本主义的人民革命的经验,总结了最近几年来社会改革、经济建设、文化建设和政府工作的经验。这个宪法草案也总结了从清朝末年以来关于宪法问题的经验,从清末的

'十九信条'起,到民国元年的《中华民国临时约法》,到北洋军阀政府的几个宪法和宪法草案,到蒋介石反动政府的《中华民国训政时期约法》,一直到蒋介石的伪宪法。这里面有积极的,也有消极的。比如民国元年的《中华民国临时约法》,在那个时期是一个比较好的东西;当然,是不完全的,有缺点的,是资产阶级的,但它带有革命性、民主性。这个约法很简单,据说起草时也很仓促,从起草到通过只有一个月。其余的几个宪法和宪法草案,整个说来都是反动的。我们这个宪法草案,主要是总结了我国的革命经验和建设经验,同时它也是本国经验和国际经验的结合。我们的宪法是属于社会主义宪法类型的。我们是以自己的经验为主,也参考了苏联和各人民民主国家宪法中好的东西。讲到宪法,资产阶级是先行的。英国也好,法国也好,美国也好,资产阶级都有过革命时期,宪法就是他们在那个时候开始搞起来的。我们对资产阶级民主不能一笔抹杀,说他们的宪法在历史上没有地位。但是,现在资产阶级的宪法是不好的,是坏的,帝国主义的宪法尤其是欺骗和压迫多数人的。我们的宪法是新的社会主义类型,不同于资产阶级类型。我们的宪法,就是比他们革命时期的宪法也进步得多。我们优越于他们。"

"第二,我们的宪法草案,结合了原则性和灵活性。原则性基本上是两个:民主原则和社会主义原则。我们的民主不是资产阶级的民主,而是人民民主,这就是无产阶级领导的、以工农联盟为基础的人民民主专政。人民民主的原则贯穿在我们整个宪法中。另一个是社会主义原则。我国现在就有社会主义。宪法中规定,一定要完成社会主义改造,实现国家的社会主义工业化。这是原则性。要实行社会主义原则,是不是在全国范围内一天早晨一切都实行社会主义呢？这样形式上很革命，但是缺乏灵活性，就行不通，就会遭到反对，就会失败。因此，一时办不到的事，必须允许逐步去办。比如国家资本主义，是讲逐步实行。国家资本主义不是只有公私合营一种形式，而是有各种形式。一个是'逐步'，一个是'各种'。这就是逐步实行各种形式的国家资本主义，以达到社会主义全民所有制。社会主义全民所有制是原则，要达到这个原则就要结合灵活性。灵活性是国家资本主义，并且形式不是一种，而是'各种'，实现不是一天，而是'逐步'。这就灵活了。现在能实行的我们就写，不能实行的就不写。比如公民权利的物质保证，将来生产发展了，比现在一定扩大，但我们现在写的还是'逐步扩大'。这也是灵活性。又如统一战线，《共同纲领》中写了，现在宪法草案的序言中也写了。要有这么一个'各民主阶级、各民主党派、各人民团体的广泛的人民民主统一战线'，可以安定各阶层，安定民族资产阶级和各民主党派，安定农民和城市小资产阶级。还有少数民族问题，它有共同性，也有特殊性。共同的就适用共同的条文，特殊的就适用特殊的条文。少数民族在政治、经济、文化上都有自己的特点。少数民族经济特点是什么？比如第五条讲中华人民共和国的生产资料所有制现在有四种，实际上我们少数民族地区现在还有别种的所有制。现在是不是还有原始公社所有制呢？在有些少数民族中恐怕是有的。我国也还有奴隶主所有制，也还有封建主所有制。现在看来，奴隶制度、封建制度、资本主义制度都不好。其实它们在历史上都曾经比原始公社制度要进步。这些制度开始时是进步的，但到后来就不行了，所以就有别的制度来代替了。宪法草案第七十条规定，少数民族地区，'可以按照当地民族的政治、经济和文化的特点，制定自治条例和单行条例'。所有这些，都是原则性和灵活性的结合。"

毛泽东总结说："这个宪法草案所以得到大家拥护，大家所以说它好，就是因为有这两条：一条是正确地恰当地结合了经验，一条是正确地恰当地结合了原则性和灵活性。"

宪法草案较早的稿子上有这么一条："中华人民共和国主席为国家之元首"。在讲话的最后，毛泽东解释了删除这一条文的理由。他说："有人说，宪法草案中删掉个别条文是由于有些人特别谦虚。不能这样解释。这不是谦虚，而是因为那样写不适当，不合理，不科学。在我们这样的人民民主国家里，不应当写那样不适当的条文。不是本来应当写而因为谦虚才不写。科学没有什么谦虚不谦虚的问题。搞宪法是搞科学。我们除了科学以外，什么都不要相信，就是说，不要迷信。中国人也好，外国人也好，死人也好，活人也好，对的就是对的，不对的就是不对的，不然就叫做迷信。要破除迷信。不论古代的也好，现代的也好，正确的就信，不正确的就不信。不仅不信而且还要批评。这才是科学的态度。"

毛泽东为什么要在最后专门作这样一番解释呢？原来，傅作义曾在发言中说："最后我愿意提到，在召集人会议上，大家一致同意写一条：中华人民共和国主席为国家元首。可是被毛主席删去了。但是这并不能抹去亿万人民衷心的爱戴。愈谦逊愈伟大，愈伟大愈谦逊。"

毛泽东专门就此作了解释，坦荡磊落地敞开了自己的想法，充分展现了伟大领袖不凡的气度与风范。

第五章
人民宪法，大国根本

63 /

中央人民政府委员会第三十次会议结束的当天，《中华人民共和国宪法草案》就向全社会正式公布，郑重地交付全国人民讨论并征求意见。深受数千年封建专制统治和压迫的中国人民，有史以来第一次享受到了真正的民主权利，享受到了经过长期人民民主革命斗争所争取来的胜利果实。

1954年6月16日，《人民日报》全文刊登宪法草案，并且配发了题为《在全国人民中广泛地开展讨论中华人民共和国宪法草案》的社论，号召全国人民积极参与宪法讨论。于是，一场轰轰烈烈的全民大讨论，就像一场声势浩大的疾风骤雨，在1954年夏季来临之际，迅速覆盖在整个神州大地上。

在祖国的心脏北京，市民在家中认真收听宪法草案广播，工人在工厂车间争相阅读学习宪法草案，大学生在校园里围绕宪法草案展开了热烈的讨论……

在我国最大的城市上海，627万人口中有270万人通过多种途径聆听了有关宪法草案的报告，156万人参加了各种形式的讨论，共提出各类修改、补充意见16万多条……

在六朝古都南京，这一天的《新华日报》比平时整整多销售了8万多份，人们争相阅读、积极热议宪法草案……

在革命老区山西，屯留等50个县的县级领导机关抽派干部携带850部收音机，深入农村和山区组织村民们收听宪法草案的广播……

在东南沿海的福州，遍布全市的300多个扩音器分别用福州话、闽南话向全市50万人民播送宪法草案内容，《福建日报》的发行量也比平常多了2万余份……

在"天府之国"四川，宪法草案宣传员向各界群众做了15万次宣传，听众观众达1800万人……

6月，正是全国各地洪灾多发的季节，为了将宪法草案的内容及时深入地传达到人民群众中去，有的地方党委就把小组讨论会的地点放在了防洪大堤上。当洪水袭来的时候，抗洪群众齐心协力对战洪魔；一旦洪水暂时退却，满身疲惫的抗洪群众顾不上休息，就满怀热情地在大堤上展开学习讨论，那场面非常感人。

1954年的夏秋有的地方正巧赶上百年不遇的特大洪水，许多地方的铁路、公路损毁严重。道路不通，地方上又急着要把当地群众的意见送到北京，于是直接动用飞机，大包大包地将材料运往北京。那时候飞机很少，只有级别很高的干部才有机会坐飞机，人民群众对新中国宪法的热切盼望由此可见一斑。

那是宪法起草委员会办公室最为忙碌的一段时期，各地的建议如漫天飞雪般纷至沓来，全都汇聚到了宪法起草委员会办公室，由他们负责整理。各地的意见和建议都是成捆成捆送过来的，外面都十分细致地包上了防水的桐油纸。打开一看，里面全是黄色的稿纸，毛毛刺刺的。尽管纸质不怎么好，但上面的字迹全都誊抄得工工整整，还有的则是用老式打印机打出来的铅字稿，足见全国人民对新中国宪法的高度重视和热切盼望。

这些来自基层的意见建议五花八门，什么内容都有。譬如有的人认为，"人民有言论自由"这一条不合适，建议改成"公民有言论自由"，还有的人认为应该是"国民有言论自由"，甚至还有一位热心者，自己动手写了一部宪法寄了过来。面对这来自全国的海量的意见建议，宪法起草委员会办公室的同志们加班加点、废寝忘食地工作着，他们将这些意见分门别类加以整理，遇到重

第五章 人民宪法，大国根本

复的内容就合并成一条，然后再将这些经过仔细归整的意见建议编纂成册。

在尘封的杭州档案馆里，泛黄的手抄、油印资料上，记载着杭州人民在那次大讨论中的生动场景。一份1954年6月25日制定的、落款为"中共国营杭州通用机器厂委员会"的《宪法草案宣传讨论计划》，提出"贯彻由骨干到一般的群众路线的宣传教育方法"，"第一步，从科长级（正副科长、车间正副主任、支部书记、工程师）……原则上以支部为单位划分小组，进行学习讨论"；"第二步，组织一般骨干（党团员、宣传员、工会组长以上、生产组长、工段长等），以及全体职员进行学习讨论"；"第三步，开始向全体职工群众进行宣传教育，并组织小组学习讨论"……

为了推进全民讨论，杭州市宪法草案讨论委员会还专门培训宣传员，组织干部进行学习，在工人和城市居民中进行试点，在此基础上，再扩大至全民范围。1954年7月12日，杭州市第一届人民代表大会召开，会议的主题之一就是讨论《中华人民共和国宪法草案》。

在浙江省档案馆收藏的《宪法草案座谈会各组召集人联席会议对于"中华人民共和国宪法草案（初稿）"的修改意见》中，清晰记载着：提出增加"国家供给公民在享受这些自由的时候所必需的物质上的便利"，"把信仰宗教的自由单独列为一条"等等意见。后来通过的宪法草案文本，这些建议都被吸收了进去。

8月4日，中共中央华南分局给中央发来一份电报，说广东省人民代表大会有代表提出提案，请全国人民代表大会授予毛泽东主席最高荣誉勋章。时任中共中央秘书长的邓小平接到这份电报后，立即报送毛泽东。

毛泽东阅后，在这份电报上批示："请即复不要通过此项提案。"

在全民讨论中，还有人提议把这部宪法命名为"毛泽东宪法"，也被毛泽东拒绝了。

这场中国历史上第一次宪法全民大讨论持续了两个多月，参加讨论的人数达到1.5亿，占全国人口的四分之一，前前后后共收到讨论意见118万余条。经宪法起草委员会办公室汇总整理后，这些意见建议被编成《全国人民讨论宪草意见汇编》，共14册，摞在一起有厚厚的一叠。

最后，宪法起草委员会又对这14册意见、建议及相关问题进行了认真而慎重的研究，并对草案又做了一些重要修改。比如，在列举四种我国现有生产资料所有制的时候，加上了"主要"二字；考虑到少数民族并不是选举的单位，故将"全国人民代表大会由省、直辖市、少数民族、军队和华侨选出的代表组成"中的"少数民族"去掉；增加了"上级人民法院监督下级人民法院的审判工作"的规定等等。

全国宪法大讨论的做法和宪法起草委员会的工作得到了毛泽东的充分肯定，他说："这次起草宪法草案的一个成功经验，是采取了领导机关的意见和广大群众的意见相结合的办法。今后，一切重要的立法都要采取这个方法。"

第二十二节　首部宪法的庄严诞生

"五四宪法"历史资料陈列馆复原陈列的第四单元展厅,以实物、图片、展板和多媒体等多种形式,向观众全面展示了"人民的宪法"在中华人民共和国第一届全国人民代表大会第一次会议上获得全票通过的情景。墙上那一幅幅真实记录了那个光辉时刻的照片,仿佛将当年每一个激动人心的细节都再现在了观众的眼前:

在大会签到处,毛泽东坐在签到桌前,用手中的毛笔在签到本上认真地写下自己的名字,身后的朱德与周恩来,正面带微笑地看着主席签到……

戴着黑框眼镜的刘少奇,手拿稿纸站在主席台上,向与会代

◎《西子湖畔制宪奠基》基本陈列第四单元《"人民的宪法"获全票通过》。

表作宪法草案的报告,他从我们国家的性质、过渡到社会主义的步骤、人民民主的政治制度和人民的权利与义务、民族区域自治等方面,说明了宪法的基本内容……

身着浅灰色中山装的毛泽东,正健步走到票箱跟前,投下自己庄严的一票……

而在灯光明亮的玻璃展柜内,毛泽东当选为一届全国人大代表的《当选通知书》和贴有主席半身免冠照的《代表当选证书》、宪法草案表决结果统计表、毛泽东在一届全国人大一次会议上的闭幕词手稿等历史文物,更让观众情不自禁地对新中国首部宪法的庄严诞生,产生一种身临其境的感觉。

第五章
人民宪法，大国根本

64 /

1954年9月15日，是中国民主与法制建设进程中的一个重要日子。这一天，第一届全国人民代表大会第一次会议将在北京隆重召开，会议将选举产生新中国的国家领导人，并且审议通过中国历史上第一部人民的宪法——《中华人民共和国宪法》。

为了选好参加这次大会的代表，在宪法全民大讨论深入开展的前后，全国各地纷纷召开了各级人民代表大会，共选举出一届全国人大一次会议代表1226人。其中妇女代表147人，少数民族代表177人；中国共产党党员668人，各民主党派党员274人，无党派人士284人；工人代表100人，农民代表63人，解放军代表60人，归国华侨30人。

为了办好这次意义重大的会议，中南海怀仁堂已被整修一新，门厅的屋顶上更换了全新的琉璃瓦，台阶也铺上了崭新的大理石。根据这次会议规模的需要，会场内增加了近三分之一的座位，代表们的席位上安装了可供代表即席发言使用的扩音器，还为使用蒙、藏、维吾尔、彝等4个少数民族语言的代表安装了专门的翻译设备，为使用其他少数民族语言的个别代表安排了口头翻译。与此同时，接待代表的北京饭店也进行了专门的扩建，在原有基础上加盖了一幢九层楼高的建筑，内设客房280多间。国务院还专门从苏联购置了500辆胜利牌轿车用于接送代表，轿车司机则全都是从部队借调来的。

9月8日，距离大会正式开幕还有一周时间，毛泽东主持召开了宪法起草委员会的第八次会议，对宪法草案作最后一次的讨论修改。9月14日，他又主持召开了中央人民政府委员会临时会议，最后审议第二天即将提交全国人大讨论的宪法草案。毛泽东在会上首先讲话，对全国人大代表提出的两项修改意见作了说明：

第一条意见，是在序言中的"第一届全国人民代表大会"后面加上"第一次会议"，将"庄严地通过我国的第一个宪法"改为"庄严地通过中华人民共和国宪法"。毛泽东说："过去中国的宪法有九个，说这个宪法是我国的第一个宪法，不妥。说它是中华人民共和国宪法，则名副其实。这是属于文字性质的修改，但又是重要的修改，不改就不那么妥。"

第二条意见，是总纲中"各民族……都有保持或者改革自己的风俗习惯和宗教信仰的自由"，西藏代表提出，这样的写法不妥，说"改革宗教"还可以，说"改革宗教信仰的自由"，似乎是不要宗教了。有的语言学家也认为，"改革信仰"在文字上说不通。毛泽东说："这些意见是有道理的。西藏人民信仰宗教，信得厉害，有风吹草动，他们就怕得很。这一句改一改好不好？免得误会，免得重复，也免得文字不通。这一条完全是抄《共同纲领》的，可见《共同纲领》还不是也有缺点。"

根据毛泽东的建议，最后把"和宗教信仰"五个字删去，改为"都有保持或者改革自己的风俗习惯的自由"。

会议经过表决，一致通过了这两处修改意见后，毛泽东说："这是一个比较完整的宪法了。最先是中共中央起草，然后是北京五百多高级干部讨论，全国八千多人讨论，然后是三个月的全国人民讨论，这一次全国人民代表大会代表一千多人又讨论。宪法的起草是慎重的，每一条、每一字都是认真搞了的，但也不必将是毫无缺点，天衣无缝。"

说到这里，毛泽东的语气忽然幽默起来："宪法不是天衣无缝，总是会有缺点的。'天衣无缝'，书上这样说过，但天衣我没

第五章
人民宪法，大国根本

有看见过，也没有从天上取下来看过。我看到的衣服都是有缝的，比如我穿的这件衣服就是有缝的。宪法，以及别的法律，都是会有缺点的，什么时候发现就及时修改。反正全国人民代表大会会议一年一次，随时可以修改。"

65 /

1954年9月15日下午3时，中华人民共和国第一届全国人民代表大会第一次会议，在北京中南海怀仁堂隆重开幕。

雷鸣般的掌声在空旷的会场上空久久回响，在1141双到会代表满怀热切期望的眼神注视下，中央人民政府主席毛泽东在主席台上庄严宣布大会正式开幕。

接下来，毛泽东用他那缓慢而又特殊的语调开始致开幕词。他说："这次会议的任务是：制定宪法；制定几个重要的法律；通过政府工作报告；选举新的国家领导工作人员。我们这次会议具有伟大的历史意义。这次会议是标志着我国人民从1949年建国以来的新胜利和新发展的里程碑，这次会议所制定的宪法将大大地促进我国的社会主义事业。我们的总任务是：团结全国人民，争取一切国际朋友的支援，为了建设一个伟大的社会主义国家而奋斗，为了保卫国际和平和发展人类进步事业而奋斗。"

波澜壮阔的情怀和使命凝结成诗一般的语言，喷薄而出，催人奋进。在一系列格言式的警句中，毛泽东用充满激情的语气结束了这篇简短却又充满了力量的开幕词："我们的事业是正义的。正义的事业是任何敌人也攻不破的。领导我们事业的核心力量是中国共产党。指导我们思想的理论基础是马克思列宁主义。我们有充分的信心，克服一切艰难困苦，将我国建设成为一个伟大的社会主义共和国。我们正在前进。我们正在做我们的前人从来没有做过的极其光荣伟大的事业。我们的目的一定要达到。我们的目的一定能够达到。全中国六万万人团结起来,为我们共同的事业而努力奋斗!我们的伟大的祖国万岁!"

开幕式结束后,毛泽东笑着对张治中说:"你胜利了。"

原来,毛泽东本不打算在开幕式上讲话。张治中听说此事后,先是请周恩来和彭真把建议带给主席,第二次又干脆直接给毛泽东写信提出建议:"这次会议是中国历史上第一次真正的人民大会,你是国家主席,开幕时是主持人,怎能不讲话?"

张治中的建议最终被毛泽东采纳,于是就有了这样一篇充满革命豪迈主义精神的开幕词。

这是一篇满怀激情与自信的政治宣言,表达了中华民族为建设一个强大的社会主义中国而努力奋斗的坚定决心。它是新中国蒸蒸日上,人民群众情绪高昂这一历史的真实反映;同时它又极大地激励着千百万群众为实现伟大的目标而奋勇前进。

开幕式结束40分钟后,第一届全国人民代表大会第一次会议开始第一项议程,由刘少奇向大会作《关于中华人民共和国宪法草案的报告》。他从新中国的国家性质、过渡到社会主义社会的步骤、我国人民民主的政治制度、人民的权利义务和民族区域自治等方面说明了宪法草案的基本内容。在报告的最后,刘少奇说:"在全国人民讨论中,证明了我们的宪法草案是代表全国各族人民的利益的,是实事求是的。""我们的宪法草案,经过全国人民代表大会通过以后,将成为我国的国家根本法","全体人民和一切国家机关都必须遵守"。

他还特别强调说:"中国共产党是我们国家的领导核心。党的这种地位，决不应当使党员在国家生活中享有任何特殊的权利。只是使他们必须担负更大的责任。中国共产党的党员必须在遵守宪法和一切其他法律中起模范作用。"

随后的三天，会议代表们对宪法草案和刘少奇的报告展开了热烈深入的讨论，大家纷纷提出自己的意见和建议。面对一大堆的意见建议，经商议中央最后决定，将全部意见建议经过筛选一遍后，做成一本薄薄的册子，会后进行统一交办。从此，人大代表意见建议的交办制度形成并保留至今。

66 /

1954年9月20日，也是必将载入史册的重要一天。这一天，第一届全国人大一次会议迎来最重要的一项议程：以无记名投票的方式通过《中华人民共和国宪法》。

这天下午3时整，依然在中南海的怀仁堂，当天出席全国人民代表大会会议的1197名代表亲眼见证了新中国第一部宪法的诞生。

浅红色的表决票上，分别用汉、蒙、藏、维吾尔四种文字印着"通过中华人民共和国宪法"的字样，顶部的长方格是投票人同意画圈或者不同意画叉的地方。当这张表决票分发到代表手中的时候，大家的心中都溢满了激动与兴奋。为了画好这神圣的一票，许多代表都竭尽全力将那个代表着同意的圈画得特别圆，因为在他们的心中，这个圆代表的是对未来人民幸福生活的保证。

整个会场划分成8个选区，分别设置了8个投票箱。16时45分，投票开始。大会执行主席、秘书长、监票人首先把已画好的表决票投入票箱，然后代表们依次走到红色票箱前进行投票。十分钟后，代表全部投票完毕。

◎ 第一届全国人民代表大会第一次会议会场，代表起立欢呼宪法正式通过。

17时55分，经过一个小时候的休会之后，大会继续进行。大会执行主席周恩来宣布对中华人民共和国宪法草案的表决结果：投票数共1197张，同意票1197张。

"《中华人民共和国宪法》由中华人民共和国第一届全国人民代表大会第一次会议于1954年9月20日通过！"在周恩来的宣布声中，全体代表都情不自禁地站立起来。

"中华人民共和国万岁！"

"毛主席万岁！"

"中国共产党万岁！"

在此起彼伏的欢呼声中，喜形于色的代表们尽情地鼓掌庆贺，

第五章
人民宪法，大国根本

沸腾的热情仿佛穿透云霄。

在那个充满了丰收希望的金秋季节里，在全国六万万同胞的热切盼望下，新中国的第一部宪法终于诞生了。这部立国安邦根本大法的诞生，有力地回击了当时国内外敌对势力诬蔑中国共产党"是用武力控制了'位子'，国家没有宪法，没有广泛的代表性"等无耻诬蔑的谎言，开创了中国建设社会主义法制国家的新历程。

伴随着《中华人民共和国宪法》的诞生，波澜壮阔的社会主义民主与法制建设新纪元，从此正式开启。

第二十三节　宪法宣传教育的"金名片"

又是一个阳光明媚的冬日上午。在北山街84号大院30号楼的"五四宪法"历史资料陈列馆北山街馆区,一群来自杭州市拱墅区人民法院的干警,身着制服站在馆前的宣誓区,面向着国旗列队庄严宣誓。

领誓人左手抚按《中华人民共和国宪法》,右手举拳,领诵誓词。其余参会人员整齐排列,右手举拳,跟诵誓词。

"我宣誓:忠于中华人民共和国宪法,维护宪法权威,履行法定职责,忠于祖国、忠于人民,恪尽职守、廉洁奉公,接受人民监督,为建设富强民主文明和谐美丽的社会主义现代化强国努力奋斗!"铿锵有力的宣誓词久久回荡。

67 /

1953年12月,毛泽东率领宪法起草小组部分成员,在西子湖畔历时77个日夜起草新中国第一部宪法。这既是中国共产党百年奋斗史在浙江、杭州的深刻印迹,更为中国共产党开辟人民当家作主历史新纪元、开创社会主义法治新道路奠定了制度基石。为纪念这一党史、新中国史、中国法制史、宪法史上的重大事件,"五四宪法"历史资料陈列馆于2016年12月4日正式开馆。

陈列馆北山街馆区位于"五四宪法"起草地旧址,设置了《西子湖畔制宪奠基》基本陈列,讲述了"五四宪法"从起草、讨论、通过到实施的全过程,生动展现党领导人民制定新中国第一

◎ "五四宪法"历史资料陈列馆的宪法宣誓墙。

部宪法的光辉历史。

就在陈列馆开馆的前一天，习近平总书记作出重要指示强调，宪法是国家的根本法，是治国安邦的总章程，是党和人民意志的集中体现。坚持依法治国首先要坚持依宪治国，坚持依法执政首先要坚持依宪执政。中国共产党领导人民制定了"五四宪法"。设立"五四宪法"历史资料陈列馆，对开展宪法宣传教育、增强社会主义民主法治意识、推动尊法学法守法用法具有重要意义。开展宪法宣传教育是全面依法治国的重要任务。"五四宪法"历史资料陈列馆要坚持党的领导、人民当家作主、依法治国有机统一，努力为普及宪法知识、增强宪法意识、弘扬宪法精神、推动宪法实施作出贡献。

为贯彻落实习近平总书记对陈列馆的重要指示精神，2017年底，《宪法就在我们身边》主题展览在栖霞岭馆区隆重开展，展览主要讲述什么是宪法、宪法规定了什么、宪法如何实施等问题，形成了"一馆两区"的宪法宣传教育新格局。新落成的栖霞岭馆区还设有图书馆（报告厅），拥有上万册宪法和法律类书籍，定期开设法治讲座。

与此同时，"五四宪法"历史资料陈列馆还立足本馆，积极拓展宪法宣传教育渠道，持续深入开展进企业、进农村、进机关、进校园、进社区等"宪法十进"活动，精心制作宪法、民法典等专题展览，把宪法宣展办到了青少年发展中心，办到了"中国国际动漫节"主会场，还办到千里之外的四川甘孜。

2021年10月，《西子湖畔制宪奠基》巡回展览在四川省长征干部学院甘孜泸定桥分院开展。这是"五四宪法"历史资料陈列馆首次走出浙江，在省外举办的巡回展览。

在余杭区闲林街道人大代表中心联络站,"五四宪法"历史资料陈列馆的照片和资料,不时吸引着人们驻足。陈列馆创新工作思路举措,将宪法展览活动送进全市各地的人大代表联络站中,让宪法走进人民群众日常生活。

68 /

复原的办公场所、成摞的书籍资料、泛黄的电报信件、珍贵的讲话录音……通过一件件史料、档案,关于"五四宪法"的鲜活历史跃然眼前。

1954年9月20日,《中华人民共和国宪法》获全票通过,这部"人民的宪法"宣告诞生。全国人民欢欣鼓舞,热烈庆祝宪法的颁布。在陈列馆的展柜中,一篇题为《报喜信儿》的作文传递着这份喜悦之情——"我们上街游行庆祝,尽情地歌唱、鼓掌、欢呼。欢乐传遍了每一个街巷——不,是传遍了整个北京,传遍了全中国!"

陈列馆精心守护"五四宪法"起草地旧址,先后赴十余个省、市,对"五四宪法"史料和档案进行收集,抢救性记录了申纪兰等12位"五四宪法"亲历者的口述史,共征集到各类史料、档案6400多件。

一批又一批的观众走进陈列馆,了解中国制定宪法、实施宪法的历史。截至目前,陈列馆已累计接待中外观众超200万人次。每年的9月5日,陈列馆都会迎来一大批国际友人。陈列馆连续三届作为"杭州国际日"活动观摩体验点,共接待了来自80多个国家和地区的8000多名境外观众。

透过这扇杭州之"窗",他们看到了法治中国的良好形象,正

第五章
人民宪法，大国根本

如他们在留言簿写下的内容："通过这次参观，我对中国宪法史有了很多了解！""直到今天我才了解到我经常造访的这座城市竟然是中国历史如此重要的一部分，我甚至能够看到当年的历史场景……"

69 /

9058幅作品在大屏幕上一一展现，五位专业评委紧盯作品图片，由于不少作品构图巧妙、功力不浅，往往细节处由工作人员不断放大，仔细比较后才能"忍痛割爱"。这是2021年杭州市中小学生宪法主题艺术评展活动初审阶段生动的一幕。

这个以宪法为主题的艺术评展活动已经连续举办5年，每年在12月4日"国家宪法日"到来前的几个月，孩子们"研习宪法知识，创作主题作品"，涌现出不少艺术"小精英"。2021年收到的有效作品达9058件再创新高，是前一年的近三倍。

为了紧紧抓住青少年这个祖国未来，在中小学生宪法主题书法篆刻作品评展活动之外，陈列馆还组织开展"学宪法讲宪法"比赛等活动，推动"一个学生参赛，带动一个家庭学法，影响一片区域尊法"。同时，乘着"人教版八年级《道德与法治》部编教材编入陈列馆相关内容，市编德育教材专门安排《走进五四宪法起草地》一课"的东风，陈列馆与教育部政策法规司、省教育厅、杭师大共建"青少年法治教育中心"，与在杭高校共建大学生思政教学实践基地，打造市青少年学生第二课堂活动五星级基地。

陈列馆抓住党员领导干部这个"关键少数"，致力于弘扬宪法精神，唤起尊崇宪法遵守宪法的行动自觉。浙江省和杭州市结合"七五"普法要求，把到陈列馆参观学习作为各级领导干部的法治教育必修课。省委、市委理论学习中心组先后到陈列馆集体参观。

2019年杭州市开展"参观陈列馆、观众超百万"活动后，掀起了党员领导干部参观的热潮，陈列馆成为省、市机关主题党日活动基地，市党员干部"追随总书记的脚步"精品课程教育基地。目前，全省共有6600多家单位、46万多人次的党员干部走进陈列馆，争做学宪法守宪法的表率。

宪法的根基在于人民的拥护，宪法的伟力来自内心的信仰。通过形式多样、丰富多彩的宪法宣传教育活动，尊崇宪法、遵守宪法正在成为越来越多人的行动自觉。

他们是在宣誓墙前发出铮铮誓言的领导干部，他们是让宪法种子扎根发芽的青少年，他们是不辞辛劳提供讲解服务的普法志愿者，他们也是自觉尊法学法守法用法的每一个公民。

2021年初，宪法宣传教育又迎来了一个新的发展机遇。《法治中国建设规划（2020—2025年）》明确提出：在"五四宪法"历史资料陈列馆基础上建设国家宪法宣传教育馆。

宪法宣传任重道远。展望未来我们豪情满怀！

主要参考文献／大事记

主要参考文献

[1]中共中央文献研究室编：《毛泽东年谱：一九四九——一九七六》，中央文献出版社2013年版。

[2]中共中央组织部、中共中央党史研究室、中央档案馆编：《中国共产党组织史资料》第五卷，中共党史出版社2000年版。

[3]逄先知、金冲及主编：《毛泽东传》，中央文献出版社2011年版。

[4]浙江省毛泽东思想研究中心、中共浙江省委党史研究室编：《毛泽东与浙江》，中共党史出版社1993年版。

[5]谭启龙：《谭启龙回忆录》，中共党史出版社2003年版。

[6]王芳：《王芳回忆录》，浙江人民出版社2006年版。

[7]袁亚平：《大国根本》，浙江文艺出版社2009年版。

[8]金延锋、徐斌、王祖强：《共和国命运的抉择与思考——毛泽东在浙江的785个日日夜夜》，浙江人民出版社2009年版。

[9]张学亮：《电力事业：新安江水电站建设与运营》，吉林出版集团有限责任公司2010年版。

[10]龙剑宇：《毛泽东家居：一代伟人家居生活的全景呈现》，中共党史出版社2013年版。

[11]袁小荣编著：《毛泽东离京巡视纪实1949—1976》，人民日报出版社2014年版。

[12]杨庆旺：《毛泽东足迹考察记》（下），中央文献出版社2015年版。

[13]孙勇：《在毛主席身边二十年》，中央文献出版社2015年版。

[14]韩大元：《1954年宪法制定过程》，法律出版社2014年版。

[15]杨培田：《毛泽东主席与"五四宪法"的诞生》，《人大研究》2003年第1期。

[16]谭绍木：《毛泽东与新中国第一部宪法》，《南昌航空工业学院学报》（社会科学版）2004年1月刊（第6卷第1期）。

[17]蔡定剑：《新中国宪法的制定背景》，《学习时报》2004年3月25日。

[18]张焕琴、王胜国：《毛泽东与新中国第一部宪法》，《河北法学》2004年6月刊（第22卷第6期）。

[19]韩斌、仲向平：《汤宅：新中国第一部宪法起草处》，《杭州日报》2011年6月8日。

[20]张德瑞：《毛泽东与新中国第一部宪法的制定与实施》，《法治研究》2011年第7期。

[21]戴安林：《毛泽东与新中国第一部宪法》，《红广角》2012年11月刊。

[22]霞飞：《毛泽东与新中国第一部宪法》，《党史文苑》2012年12月上半月刊。

[23]余玮：《伟人身边人细诉伟人身边事——贴身警卫张耀祠在毛泽东身边的日子》，《党史纵览》2013年第5期。

[24]徐焕友：《毛泽东与新中国第一部宪法》，《文史精华》2013年10月刊（总第281期）。

[25]侯健美：《1954年新中国第一部宪法诞生：毛泽东亲自挂帅，1.5亿人参与讨论》，《北京日报》2018年3月1日。

[26]杭州市档案局（馆）编：《毛泽东在杭州的日子》，内部资料。

[27]浙江省档案馆编：《毛泽东在杭州主持新中国第一部宪法》，内部资料。

[28]李飞云：《中共90年：新中国第一部宪法起草地寻踪》，https://www.chinanews.com/gn/2011/06-28/3142762.shtml?qq-pf-to=pcqq.c2c。

[29]英昌东：《毛泽东的杭州情缘》，https://appm.hangzhou.com.cn/article_pc.php?id=67122。

[30]周东旭：《新中国的第一次制宪大讨论》，https://m.opinion.caixin.com/m/2014-09-23/100732117.html。

[31]丁谨之、汪斌：《杭州北山路84号院里毛主席起草了新中国首部宪法》，https://zj.zjol.com.cn/news.html?id=42780。

"五四宪法"大事记

3月5日—13日	一九四九年	中共七届二中全会在西柏坡召开。全会提出新中国的纲领和方针,规划新中国的蓝图。
7月		刘少奇访问苏联时,斯大林建议中共要准备制定宪法。
9月29日		中国人民政治协商会议第一届全体会议通过《中国人民政治协商会议共同纲领》。
10月28日	一九五二年	刘少奇访问苏联,斯大林再次建议中国应于1954年制定宪法,并进行选举。
11月		中共中央作出决定,立即着手准备召开全国人民代表大会和制定宪法。
12月1日		中共中央发出《关于召开党的全国代表会议的通知》。通知认为现在召集全国人民代表大会的条件已经具备,拟于1953年9月召开。
12月24日		中共中央向全国政协提议,由全国政协向中央人民政府委员会建议,于1953年召开全国和地方各级人民代表大会,并制定宪法。
同日		全国政协决定向中央人民政府委员会建议召开全国人民代表大会和地方各级人民代表大会,并开始起草选举法与宪法草案等准备工作。

1月13日	一九五三年	中央人民政府委员会决定成立以毛泽东为主席，由32名委员组成的中华人民共和国宪法起草委员会，负责宪法的起草工作。
同日		中共中央成立宪法起草小组。
5月3日		中共中央办公厅发布宪法草案（初稿）（第一部分）。
6月6日		毛泽东召集刘少奇、周恩来等开会，讨论宪法起草问题。
9月17日		中央人民政府委员会举行第二十八次会议，听取了"关于全国人民代表大会及地方各级人民代表大会的选举问题的说明"，并通过"关于推迟召开全国人民代表大会及地方各级人民代表大会的决议"。
11月至12月		陈伯达受毛泽东委托起草了宪法草案第一稿。
12月15日		毛泽东主持召开中共中央书记处会议扩大会议，讨论中华人民共和国宪法的起草问题。
12月28日		零时，毛泽东率宪法起草小组到达杭州。
1月9日	一九五四年	毛泽东主持宪法起草小组会议，制订了宪法起草工作计划。
1月15日		毛泽东致电刘少奇并中共中央各同志，报宪法小组的宪法起草工作计划。
2月17日		宪法起草小组提出草案初稿。
2月24日		宪法起草小组修改宪法草案初稿，形成"二读稿"。

2月26日	一九五四年	宪法起草小组继续修改宪法草案初稿，形成"三读稿"。
2月28日—3月1日		刘少奇在北京主持召开中共中央政治局扩大会议，讨论并原则通过"三读稿"。
3月9日		宪法起草小组提交宪法草案初稿"四读稿"并结束宪法草案初稿起草工作。
3月12日、13日、15日		刘少奇主持召开中共中央政治局扩大会议，讨论通过宪法草案（初稿）"四读稿"。会议决定由陈伯达、胡乔木、董必武、彭真、邓小平、李维汉、张际春、田家英组成宪法小组，负责宪法草案初稿的最后修改。决定组成宪法起草委员会办公室，李维汉为秘书长。
3月14日		毛泽东离开杭州，启程返回北京。
3月15日		周恩来和董必武邀请宪法起草委员会中非共产党员的委员，共同研究宪法草案（初稿）。
3月17日		宪法起草小组回到北京，着手召集宪法起草委员会会议，讨论宪法草案。
3月23日		中共中央委员会向宪法起草委员会正式提出宪法草案（初稿）。宪法起草委员会举行第一次会议，决定组织宪法起草委员会办公室。
同日		政协全国委员会常务委员会第五十三次会议，通过了《分组座谈宪法问题的名单》，决定邀请各民主党派、人民团体的负责人和各界人士组成17个座谈小组。宪草座谈会开始讨论与研究宪法草案初稿。

3月25日	一九五四年	中共中央发出《关于讨论中华人民共和国宪法草案初稿的通知》。
3月28日		宪法起草委员会办公室成立。
5月6日—5月22日		举行宪法起草座谈会各组召集人联席会议。
5月27日		宪法起草委员会举行第二次会议，集中审议宪法草案（初稿）序言和第1章总纲。
5月28日		宪法起草委员会在中南海勤政殿举行第三次全体会议，讨论宪法草案（初稿）第2章的第1节至第4节。
5月29日		宪法起草委员会在中南海勤政殿举行第四次全体会议，重点讨论宪法草案（初稿）的第2章第5节、第6节、第3章公民的基本权利和义务。
5月31日		宪法起草委员会在中南海勤政殿举行第五次全体会议，讨论宪法草案（初稿）第2章第4节、公民基本权利和义务等部分的内容。
6月8日		宪法起草委员会在中南海勤政殿举行第六次全体会议，对5月31日宪法草案（初稿）的修正稿全文又讨论了一遍。
6月11日		宪法起草委员会在中南海勤政殿举行第七次会议，讨论、通过中华人民共和国宪法草案及准备提交给中央人民政府委员会审议的"中华人民共和国宪法起草委员会关于宪法起草工作经过的报告"。
6月14日		中央人民政府委员会举行第三十次会议，审议中华人民共和国宪法（草案）；通过中华人民共和国宪法（草案）；通过关于公布中华人民共和国宪法（草案）的决议。

6月16日	一九五四年	中央人民政府委员会公布宪法草案，开始全民讨论宪法草案。全民讨论到9月11日结束，历时3个月。
7月1日		毛泽东阅政法研究编辑部编译的《苏联宪法草案全民讨论》一文，并批送刘少奇、朱德等"此件值得看一下"。
9月8日		宪法起草委员会在中南海紫光阁举行第八次会议全体会议，修改草案文本，并决定提交中央人民政府委员会正式通过。
9月9日		中央人民政府委员会举行第三十四次会议，讨论并通过中华人民共和国宪法草案，并决定提交第一届全国人大第一次会议审核。
9月12日		宪法起草委员会举行第九次会议，讨论并通过由刘少奇委员代表宪法起草委员会准备向第一届全国人民代表大会第一次会议所作的《关于中华人民共和国宪法草案的报告》。
9月14日		毛泽东主持召开中央人民政府委员会临时会议，对第二天即将提交全国人民代表大会讨论的宪法草案进行最后审议。
9月15日		第一届全国人民代表大会第一次会议举行全体会议。宪法起草委员会委员刘少奇作《关于中华人民共和国宪法草案的报告》。
9月16日—20日		第一届全国人大一次会议分组讨论宪法草案。
9月20日		第一届全国人大一次会议通过中华人民共和国宪法。大会主席团发布公告。

"五四宪法"历史资料陈列馆大事记

11月4日	二〇一四年	根据杭州市委的意见,市人大常委会组织开展设立"五四宪法"纪念场馆专题调研,标志着"五四宪法"历史资料陈列馆筹建工作启动。
12月3日	二〇一五年	浙江省人大和杭州市人大在杭州市北山街84号30号楼联合举办纪念国家宪法日活动暨"五四宪法"历史资料陈列馆项目启动仪式。
4月	二〇一六年	"五四宪法"起草地旧址建筑修缮工程完成。
12月3日		中共中央总书记、国家主席、中央军委主席习近平对"五四宪法"历史资料陈列馆作出重要指示强调,"五四宪法"历史资料陈列馆要坚持党的领导、人民当家作主、依法治国有机统一,努力为普及宪法知识、增强宪法意识、弘扬宪法精神、推动宪法实施作出贡献。
12月4日		在"五四宪法"起草地旧址上设立的"五四宪法"历史资料陈列馆在杭州正式开馆。全国人大常委会副委员长、秘书长王晨和中共浙江省委书记夏宝龙为陈列馆揭牌。

主要参考文献 / 大事记

二〇一七年

3月 "五四宪法"历史资料陈列馆被共青团中央命名为全国青少年教育基地。

11月 "五四宪法"历史资料陈列馆被中央宣传部命名为全国爱国主义教育示范基地。

12月 "五四宪法"历史资料陈列馆被全国普法办命名为全国法治宣传教育基地。

12月3日 杭州五四宪法历史资料研究会成立。

二〇一八年

12月 浙江省首个"宪法宣传周"启动仪式在"五四宪法"历史资料馆举行。

二〇一九年

6月 "五四宪法"历史资料陈列馆被全国关心下一代工作委员会命名为全国关心下一代党史国史教育基地。

10月7日 "五四宪法"起草地旧址被国务院公布为第八批全国重点文物保护单位。

12月1日 全国总工会"宪法进企业"启动仪式在陈列馆举行。

二〇二〇年

12月 中共中央印发的《法治中国建设规划（2020—2025年）》明确提出，要在"五四宪法"历史资料陈列馆基础上建设国家宪法宣传教育馆。

3月	二〇二一年	中共中央办公厅、国务院办公厅印发的《关于加强社会主义法治文化建设的意见》明确提出，要在"五四宪法"历史资料陈列馆基础上建设国家宪法宣传教育馆。
6月		中共中央、国务院转发的《中央宣传部、司法部关于开展法治宣传教育的第八个五年规划（2021—2025年）》明确提出，要在"五四宪法"历史资料陈列馆基础上建设国家宪法宣传教育馆。
12月3日		中共浙江省委召开贯彻落实习近平总书记重要指示五周年座谈会。
12月28日		"五四宪法"历史资料陈列馆荣获2016—2020全国普法工作先进单位。
9月	二〇二二年	"五四宪法"历史资料陈列馆入选全国首批"大思政课"实践教学基地。

图书在版编目（CIP）数据

毛泽东在杭州的77天：新中国第一部宪法诞生记／杭州五四宪法历史资料研究会，"五四宪法"历史资料陈列馆编著. -- 北京：中央文献出版社，2023.11

ISBN 978-7-5073-4988-7

Ⅰ.①毛… Ⅱ.①杭…②五… Ⅲ.①毛泽东（1893-1976）–生平事迹②中华人民共和国宪法–法制史 Ⅳ.①A752②D921.02

中国国家版本馆CIP数据核字（2023）第212153号

毛泽东在杭州的77天
——新中国第一部宪法诞生记

编　　著：杭州五四宪法历史资料研究会
　　　　　"五四宪法"历史资料陈列馆
责任编辑：颜晓晴
责任印制：黄　冉
封面设计：卢　乐

出版发行：中央文献出版社
地　　址：北京西四北大街前毛家湾1号
邮　　编：100017
网　　址：www.zywxpress.com
电子邮箱：zywx5073@126.com
销售热线：010-83072503／83072509／83089394／83089319／83089404／83089317
排　　版：杭州适道文化有限责任公司
印　　刷：北京华联印刷有限公司

710mm×1000mm　　16开　　15印张　　180千字
2023年11月第1版　　2023年11月第1次印刷

ISBN 978-7-5073-4988-7　　定价：68.00元

版权所有　侵权必究
本社版图书如有印装错误可随时调换
（电话：13601084124／13811637459）